Florestan Fernandes

PODER E CONTRAPODER NA AMÉRICA LATINA

FLORESTAN FERNANDES

PODER E CONTRAPODER
NA AMÉRICA LATINA

2ª edição

EXPRESSÃO POPULAR

São Paulo – 2015

Copyright © 2015, by Editora Expressão Popular

Revisão: *Dulcinéia Pavan*
Projeto gráfico, capa e diagramação: *ZAP Design*
Imagem da capa: *Wifredo Lam, La Sierra Maestra, 1959*
Impressão e acabamento: *Paym*

Dados Internacionais de Catalogação-na-Publicação (CIP)

F363p Fernandes, Florestan, 1920-1995
Poder e contrapoder na América Latina. / Florestan
Fernandes -- 2ed.—São Paulo : Expressão Popular, 2015.
148p.

Indexado em GeoDados - http://www.geodados.uem.br.
ISBN 978-85-7743-263-9

1. Poder (Ciências sociais). 2. Fascismo – América
Latina. 3. Rebelião – América Latina. 4. América Latina –
Política e governo. 5. América Latina – Condições sociais.
Título.

CDD 320.98

Catalogação na Publicação: Eliane M. S. Jovanovich CRB 9/1250

Todos os direitos reservados.
Nenhuma parte deste livro pode ser utilizada
ou reproduzida sem a autorização da editora.

1ª edição: Publicado originalmente por Zahar editores, 1981
1ª edição da Expressão Popular: setembro de 2015
3ª reimpressão: setembro de 2021

EDITORA EXPRESSÃO POPULAR
Rua Abolição, 201 – Bela Vista
CEP 01319-010 – São Paulo – SP
Tel: (11) 3112-0941 / 3105-9500
livraria@expressaopopular.com.br
www.expressaopopular.com.br
 ed.expressaopopular
 editoraexpressaopopular

SUMÁRIO

Nota editorial 9

Apresentação 11
Adelar João Pizetta

Nota explicativa 29

Notas sobre o fascismo na América Latina 33

Os movimentos de guerrilha contemporâneos e
a ordem política na América Latina 59

Reflexões sobre as "Revoluções Interrompidas"
(uma rotação de perspectivas) 91

A
Tamás Szmerecsányi, Carlos Guilherme Mota,
Miguel Urbano Rodrigues e Jaime Pinsky –
os amigos das horas incertas são amigos certos

NOTA EDITORIAL

Gostaríamos de agradecer aos familiares de Florestan Fernandes – na pessoa de Florestan Fernandes Jr. – que gentilmente, autorizaram a reedição deste livro. Agradecemos também a Heloisa Fernandes e a Vladimir Sacchetta, pela solidariedade e apoio, e a Adelar João Pizetta que prontamente aceitou a tarefa de preparar a apresentação deste volume.

O texto se mantém o mesmo publicado pela Zahar editores, em 1981, salvo algumas pequenas alterações ortográficas.

Em 2015, completam-se 20 anos do falecimento de Florestan – se vivo alcançaria os 95 anos. Apesar dessas duas décadas de ausência física, sua obra e suas ideias assumem cada dia mais atualidade e relevância para todos aqueles comprometidos com os "de baixo" e com a construção de uma nova sociedade.

Com esta edição, sentimo-nos orgulhosos por possibilitar às novas gerações o acesso à obra de Florestan e por contribuir para manter seu legado teórico e político vivos.

Os editores

APRESENTAÇÃO

ADELAR JOÃO PIZETTA[1]

Sem sombra de dúvida, Florestan Fernandes foi incansável na tarefa de desvendar as entranhas e artimanhas da organização e do exercício do poder, bem como as dinâmicas das lutas de classes no Brasil e na América Latina, recorrendo para tanto, de forma criativa e não dogmática, ao instrumental fornecido pela teoria marxista. Esses esforços do sociólogo, socialista e marxista estão especialmente presentes em boa parte da sua obra a partir de fins dos anos 1960 como, por exemplo: *Sociedade de classes e subdesenvolvimento, 1968; Capitalismo dependente e classes sociais na América Latina, 1973; A revolução burguesa no Brasil: ensaio de interpretação sociológica, 1975; Circuito fechado: quatro ensaios sobre o "poder institucional", 1976; Apontamentos sobre a "teoria do autoritarismo", 1979; Da guerrilha ao socialismo: a revolução cubana, 1979; Brasil em compasso de espera: pequenos escritos políticos, 1980; Movimento Socialista e partidos políticos, 1980; Poder e contrapoder na América Latina, 1981; O que é revolução, 1981; A ditadura em questão, 1982.*

Livros que se destacam pelo rigor teórico-científico, pela profundidade na interpretação da realidade, buscando desvelar aspectos que na sua aparência não revelam seu verdadeiro sentido. Neles, Florestan procura compreender os mecanismos utilizados

---

[1] Integrante do Setor de Formação Nacional do MST e professor da Escola Nacional Florestan Fernandes

APRESENTAÇÃO

historicamente pela classe dominante (burguesia) para a manutenção do poder, apesar das pressões e das lutas heroicas dos "de baixo". Embora datados, eles preservam importância vital para a compreensão dos enfrentamentos da atualidade.

Florestan procura explicitar a maneira específica como se formam as classes sociais no continente, alertando para a necessidade de se observar as "incompletudes" e/ou "deformações" decorrentes dos processos coloniais e neocoloniais, e, portanto, de uma forma particular de desenvolvimento de um sistema capitalista que não logra concluir o percurso de uma revolução tipicamente burguesa. Dessa maneira, o desenvolvimento do capitalismo conserva (reproduz) aspectos da política colonial e aprofunda os laços de dependência e submissão aos interesses do imperialismo em detrimento da construção da Nação.

Uma das marcas dessa lógica de desenvolvimento capitalista no continente é a da estruturação e vigência de uma forma "autocrática" de organização e exercício do poder que, sempre "na véspera", sufoca as forças populares que buscam abrir novos horizontes na luta de classes. Por outro lado, de uma forma original, não dogmática, Florestan nos leva a entender os problemas e debilidades estruturais da formação da classe operária, que dificultam a construção de uma posição mais "ofensiva" e consequente, tanto do ponto de vista teórico, como organizativo; além de dificultar as lutas políticas que possam provocar a ruptura da ordem instituída. No fundo, as análises procuram mostrar que há debilidades na formação das classes sociais na América Latina e que essa particularidade está determinada pelo "modo pelo qual o capitalismo se institucionalizou, difundiu-se e desenvolveu-se na América Latina"; por isso, continua Florestan em *Capitalismo dependente e classes sociais na América Latina*: "As classes não 'são diferentes' na América Latina. O que é diferente é o modo pelo qual o capitalismo se objetiva e se irradia historicamente como força social".

Poder e contrapoder na América Latina, composto por três ensaios, publicado pela primeira vez em 1981, e agora reeditado pela Editora Expressão Popular, tem na problemática do poder seu eixo central e comum. Trata-se de uma das suas obras mais comprometidas com a revolução e com o socialismo, buscando explicitar a formação histórica da América Latina, seus dilemas, impasses e, fundamentalmente, as tarefas que competem às classes trabalhadoras na sua luta para realizar as verdadeiras rupturas com as condições históricas atuais.

No primeiro ensaio: "Notas sobre o fascismo na América Latina", elaborado para uma conferência na Universidade de Harvard, em março de 1971 – período no qual Florestan enfrenta com altivez as agruras e amarguras do seu exílio no Canadá –, traz inicialmente uma reflexão acerca do significado do fascismo como "realidade histórica" que, embora derrotado em campo de batalha, como "ideologia e utopia", perdura como força política organizada e poderosa, de maneira mais clara e/ou obscura, até os dias atuais.

Florestan chama a atenção para a importância de aprofundar o "fenômeno", pois, por vezes, seu conceito foi mal e superficial-mente utilizado como sinônimo de "autoritarismo", "totalitaris-mo", "autocracia moderna" etc. escamoteando identificações de cunho ideológico. Por outro lado, tem-se dado mais atenção às análises dos diferentes tipos de "fascismos de alcance e significado históricos" do que propriamente se envida esforços para entender como o fascismo se configura e se manifesta (atua) nos países da "periferia do capitalismo", como é o caso da América Latina.

Aqui, o *fascismo* reproduz sua essência "contrarrevolucio-nária" por intermédio do uso exacerbado do autoritarismo de classe em duas direções – não excludentes e, por vezes, complementares: "contra a democratização como um processo social de mudança estrutural", ou seja, contra as iniciativas e

APRESENTAÇÃO

demandas da "revolução dentro da ordem" e/ou "contra todos os movimentos socialistas, qualificados como revolucionários" (cf., *infra*, p. 35), isto é, de modo preventivo, o fascismo procura barrar, ainda na fase inicial, os processos de "revolução contra a ordem". Essa lógica praticamente fecha as possibilidades de avanço da revolução democrática e nacional, limitando o arco de atuação das classes trabalhadoras de maneira que os processos de mudança social, desencadeados pela "pressão dos de baixo", continuem a ser controlados e dirigidos pelas classes dominantes a fim de manter o *status quo*. Em outros termos, "muda-se para não mudar"! A mudança passa a ser dirigida e controlada sem rompimento com a mesma ordem que provoca sua necessidade.

Ao tomar como referência de analise para o *fenômeno em questão*, os casos do Haiti, Paraguai e Brasil (ou a Argentina), Florestan observa que apesar das especificidades de cada processo, eles adaptam a ordem política às condições econômicas, culturais, demográficas e, também, políticas à dinâmica "*mudança e adaptação*", com a mesma intencionalidade:

> a reconfiguração da ordem política para estabelecer novas posições de força, bastante fortes para garantir a continuidade ou aperfeiçoamento dos privilégios e o controle estável do poder (em todas as suas formas) a partir de cima (cf., *infra*, p. 38-39).

Essa lógica de funcionamento restringe qualquer possibilidade de mudança em direção a uma revolução nacional e/ou democrática, pois, segundo Florestan, "as transições políticas, do 'despotismo' para a 'democracia restrita', da 'democracia restrita' para a 'democracia ampliada' ou da 'democracia ampliada' para a democracia competitiva', são sempre solapadas, bloqueadas e postergadas" (cf., *infra*, p. 39). Em decorrência dessa forma de organização e exercício do poder, o Estado e o governo caminham em direção a um tipo de "*fascistização*"

que se converte em um *"totalitarismo de classe"* caracterizado
por um tipo de fascismo que é

> difuso (e não sistemático), que é fluído (e não concentrado),
> em suma, um fascismo que tem seu nexo especificamente
> político dentro do Estado e do governo, mas que impregna
> socialmente todas as estruturas de poder no seio da sociedade
> (cf., *infra,* p. 40).

Como característica inerente a esses processos de organização política, Florestan observa uma articulação entre o
"totalitarismo de classe" e a *"salvação nacional"* que se desencadeia na prática sistemática *contrarrevolucionária*, tanto do
ponto de vista da *democracia,* quanto da luta pelo *socialismo.*
Essa prática é exercida de forma mais aberta, por vezes, e mais
sutil, em outras, utilizando diferentes mecanismos e estruturas
de poder permitindo "fascistizar" certas funções do Estado.
Dessa maneira,

> as 'aparências' são mantidas; a relação entre meios e fins é que
> se altera, para dar lugar a controles políticos que colocam a mudança, a 'defesa da ordem' e o esmagamento de toda e qualquer
> oposição sob o arbítrio das minorias dominantes e privilegiadas.
> (cf., *infra,* p. 41-42)

Apesar dos avanços desencadeados nas sociedades latino-
-americanas, "não alimentamos a ilusão de que o fascismo seja
um fenômeno extinto", alerta Florestan. Se hoje ele não possui
a mesma "cara" e não utiliza os mesmos métodos, "ele é parte
das tecnoestruturas civis e militares da sociedade capitalista"
(cf., *infra,* p. 52 e 53). O exemplo de Cuba torna-se uma ameaça
para as potências imperialistas, que buscam, por intermédio de
alianças com o Estado e com as burguesias locais, sua expansão
e domínio econômico, político, cultural, militar; isto coloca a
América Latina diante de uma opção histórica: "democracia
pluralista" ou "socialismo". Dado que a "democracia pluralista"
pode se converter na "cidadela da contrarevolução mundial", o

A P R E S E N T A Ç Ã O

caminho que nos resta será o do "socialismo puro e convicto, que pretende eliminar o Estado através da democracia *de toda* a população *para toda* a população" (cf., *infra,* p. 55), argumenta Florestan.

No segundo ensaio: "Os movimentos de guerrilha contemporâneos e a ordem política na América Latina", redigido no decorrer dos anos de 1970-1971, como subsídio para debates em universidades canadenses, Florestan busca compreender, do ponto de vista sociológico, os movimentos de guerrilha como *realidade histórica,* mostrando que se trata de um tema complexo que divide opiniões, interpretações e posições políticas acerca da sua proliferação e atuação na América Latina.

No entanto, a preocupação de Florestan não está em entrar nesses debates que estão na "ordem do dia", mas tratar de algo muito mais preocupante, que está no âmago da questão: o drama político em que se converteu, de um lado, o uso da *violência sistemática para a* preservação do *status quo* e, de outro, as lutas por mudanças estruturais e políticas que apontam para as possibilidades das revoluções sociais. Nesse contexto, ele nos alerta, não há uma via "pacífica", pois, como já observado do ponto de vista histórico, na América Latina, "os arranjos políticos sempre operam em benefício da violência 'vinda de cima', organizada e imposta através do Estado e do poder político estatal" (cf., *infra,* p. 61). Dessa maneira, os movimentos de guerrilha podem se transformar, no campo político, num mecanismo de *"autodefesa"* que lança mão da *"contraviolência"* para a destruição das desigualdades e para a conquista da paz.

Na América Latina, as revoluções burguesas foram *"abortadas"* e a ordem social competitiva (burguesa) permaneceu e aprofundou os laços de dependência e integração com os interesses imperialistas, remetendo tarefas específicas e vinculadas a tais processos (da revolução burguesa) "para novos agentes humanos e para novas forças sociais". Vemos uma vez mais a importância de entender o processo histórico da formação colonial que impede o desenvolvimento dos Estados-Nação, uma vez que todo o interesse da metrópole e dos países imperialistas é intencional e estrategicamente direcionado contra o povo e contra a nação. Nas palavras do Florestan:

> Uma burguesia dependente não é só instrumental para com seus interesses conservadores 'nacionais'; ela também é instrumental para com os interesses conservadores externos, 'internacionais', ou seja, ela atua em permanente aliança com o imperialismo e dele recebe parte de sua força econômica, cultural e política. (cf., *infra*, p. 70)

Daí a característica histórica de sempre "sufocar todo o fermento revolucionário no seu nascedouro", pois quando há avanços nas "fraturas da ordem", quando a classe operária busca se consolidar e o movimento sindical procura se constituir como força autônoma, ampliando seus espaços democráticos de participação, a "contrarrevolução" consegue destroçar todas as conquistas obtidas. Portanto,

> Sob o capitalismo dependente, a burguesia não pode liderar a revolução *nacional* e *democrática*. Ela leva a alteração da ordem interna até certo ponto. Em seguida, terá que sufocar as pressões de baixo para cima, ou seja, deter ou mesmo corromper a *revolução nacional* e a *revolução democrática*. (cf., *infra*, p. 71)

No Brasil, alguns exemplos podem ser evidenciados: os abolicionistas, mesmo vencendo os embates finais, são deslocados e alijados do processo de mudança; em 1964, as "forças nacionalistas" foram brutalmente afastadas do controle do Estado. Diz Florestan: "Estamos diante de um regime de classes em que o 'tope' pode manipular o poder político para impedir que o resto da sociedade de classes alcance sua *evolução natural*'" (cf., *infra*, p. 72). O que fica claro nessas análises é que se não existir um movimento articulado, independente, das classes

APRESENTAÇÃO

subalternas, capaz de "vergar" o arco da história, o controle e limite das mudanças se dará sempre nos marcos da "ordem", mesmo porque, uma causa, por mais justa que seja, não é, por si mesma, uma garantia da vitória, adverte Florestan. A vitória depende, em última instância, de uma força que seja capaz de destruir a "ordem" e de levar adiante a revolução "contra a ordem" e, portanto, socialista.

Nesse contexto, os movimentos guerrilheiros, na análise do Florestan, podem se tornar uma *"espécie de centelha"*, que ganhando força política poderiam desencadear um *"incêndio incontrolável"*, sinalizando o descontentamento e vontade de luta das forças populares. Dessa maneira, como afirmou Fidel Castro, embasado no pensamento de Che, expresso no texto "Guerra de Guerrilhas", a guerrilha "é uma guerra do povo, quer dizer: uma luta de massas. E pretender fazer sem apoio da população é caminhar em direção a um inevitável desastre". Daí as críticas aos intitulados "esquerdistas" e/ou "vanguardistas" que não compreendem o verdadeiro papel das massas na luta de classes e, temendo a perda de "posições de liderança", acabam por dificultar a ação e a capacidade de luta das massas. Cuba possivelmente tenha sido a experiência histórica que mais soube combinar os diferentes fatores de envolvimento das massas, crescimento da autoestima e desejo coletivo de mudança com a força política do movimento guerrilheiro.

No entanto, as demais experiências guerrilheiras vivenciadas por outros países latino-americanos, mesmo com o heroísmo dos seus combatentes, não lograram modificar a correlação de forças e tiveram dificuldade para se estruturar. Mesmo assim, a guerrilha é "o único equivalente psicológico, militar e político da presença insurrecional das massas [...] Ela quebra a estagnação, a capitulação sem luta ou a cooptação como 'linha tática' global" (cf., *infra*, p. 84). Decorrentes dessa, Florestan elenca mais quatro outras funções: 1º) põe na ordem do dia a contraviolência, procurando implantá-la de forma organizada; 2º) representa uma inflexão que garante a passagem do 'radicalismo ideológico' para a ação político-militar revolucionária; 3º) traz consigo uma nova versão do que é a liberação nacional na América Latina; 4º) possibilita a passagem do socialismo retórico para o socialismo revolucionário. Ao analisar as perspectivas da guerrilha na América Latina (1971), Florestan adverte sobre as posições contraditórias que se formaram. Do ponto de vista das "esquerdas", elas contribuem *para o surgimento de condições mais propícias à organização da luta de classes, na constituição de partidos e de organizações políticas socialistas e de amplos e sérios movimentos de massas.* O quadro vivido no continente requer uma análise profunda das condições internas e externas; das forças que atuam e se enfrentam em cada momento; dos caminhos alternativos que podem ser vislumbrados para permanecer fiel a uma perspectiva revolucionária socialista. A grande lição que Florestan nos deixa ao final da sua análise é a de que

> a guerrilha não é um fim em si e para si. Ela só tem sentido e é uma necessidade histórica – *dolorosa, mas criadora* – onde a crise de tais regimes [autoritários] e das sociedades que os engendra permite colocar um paradeiro à longa noite de terror que começou com a chegada dos *conquistadores*, espanhóis e portugueses. (cf., *infra*, p. 81)

O terceiro ensaio: "Reflexões sobre as 'Revoluções Interrompidas' (uma rotação de perspectivas)", escrito em 1981, completa a temática enfrentada por Florestan no livro. Escrito praticamente dez anos depois do primeiro ensaio quando, já de retorno ao Brasil, Florestan vislumbra na prática o surgimento de um novo movimento operário, o avanço de um movimento sindical vigoroso e a criação de um Partido dos Trabalhadores. Se, por um lado, esses fenômenos o animam, por outro, ele

APRESENTAÇÃO

chama a atenção para os riscos e os cuidados que um partido de luta "contra a ordem" deveria tomar.

Neste terceiro ensaio, Florestan se propõe como objetivo:

> indagar aonde poderia levar a *transformação capitalista* em países que não romperam por completo com formas coloniais de exploração do trabalho e nos quais as classes dominantes se tornaram *burguesas* através e atrás do desenvolvimento do capitalismo (cf., *infra*, p. 92).

Essa é uma questão central: entender como se metamorfoseou e se desenvolveu o capitalismo em países de origem colonial, como o nosso.

Inicialmente, Florestan chama a atenção para a questão do método de análise, alertando que não há possibilidade de ser "marxista pela metade" e de que é "fácil transferir ideias – mas não se pode transferir a transformação do real", e continua advertindo:

> ser marxista não é uma questão de 'mania filosófica' e não se pode, com esse fundamento, projetar sobre o *real dado* categorias abstratas ou dinamismos históricos para aos quais ele 'pode tender' (ou 'deveria corresponder') se a periferia do mundo capitalista fosse uma mera repetição do espaço central. (cf., *infra*, p. 93)

Portanto, segundo Florestan, temos aqui a evolução de um "capitalismo colonial" para o "neocolonial" e para o "capitalismo dependente", sem romper com os laços de dependência. As burguesias que surgiram e que foram, em certa medida, sujeitas dessa evolução, jamais possuíram os conteúdos e as dimensões "capitalistas" das burguesias dos Estados Unidos. Aqui, a "interrupção das revoluções" aparece como fenômeno que se repete e que se concretiza no próprio "aborto da revolução burguesa". No entanto, elas não são "interrompidas" para as camadas mais privilegiadas das classes dominantes e seus parceiros externos. Seu ciclo é "interrompido" no estágio em que os dividendos seriam compartilhados com os "menos iguais" das classes dominantes e, também, com "os de baixo".

Florestan leva o leitor a refletir também acerca de quatro problemáticas que estão historicamente imbricadas nos nossos processos de lutas: o problema da descolonização; os limites da transformação capitalista; as lições de Cuba e quem se "aproveita das contradições" na luta de classes.

Diferentemente do que ocorreu na Europa, onde as transformações "dentro da ordem" permitiram o avanço da revolução burguesa, aqui, a desagregação do antigo regime colonial não significou a "descolonização", isto é, as transformações que levariam adiante reformas típicas de uma revolução burguesa. Já que, segundo Florestan

> levar a descolonização às últimas consequências é uma bandeira de luta análoga à revolução nacional e à revolução democrática – e essa reivindicação teria de ser feita em termos socialistas, ainda que com vistas à 'aceleração da revolução burguesa'. (cf., *infra*, p. 102)

A questão central nessa análise é que nos países onde essas tarefas estiveram sob o controle de camadas dominantes das classes privilegiadas, elas não tinham interesse em transformar as estruturas econômicas e sociais existentes. Do ponto de vista político, só desejavam transformá-las de forma localizada e parcial, a exemplo do processo de independência da metrópole, mantendo a hegemonia política da sua classe no âmbito interno da sociedade. Assim, nos explica Florestan:

> A independência que se criava era a dos estamentos privilegiados e o Estado nacional independente nascia antes da Nação, como expressão da vontade coletiva e dos interesses de dominação econômica, social e política da *gente válida*, ou seja, como uma maneira de organizar a voz política dos donos, de fato, do poder e de dar continuidade às estruturas de produção e de exportação montadas previamente. (cf., *infra*, p. 103)

Combinavam-se os interesses dos setores privilegiados internamente com os dos parceiros externos mantendo as formas de produção existentes e ampliando as potencialidades de exploração onde fosse possível. Assim,

> o anticolonialismo dos estratos privilegiados só era intenso e fervoroso em um ponto, o da conquista da condição legal e política dos donos do poder. Nos demais pontos, os interesses *mais avançados e profundos* exigiam o CONGELAMENTO DA DESCOLONIZAÇÃO (cf., *infra*, p. 104).

Essa lógica metamorfoseada de desenvolvimento do capitalismo mantém a exclusão dos direitos dos trabalhadores dificultando, inclusive, as possibilidades de organização e formação da *classe em si* e do seu desenvolvimento como e enquanto classe capaz de participar ativamente da luta de classes. É assim que o *congelamento da descolonização* se transforma em vantagem estratégica para as classes dominantes na luta de classes. Controlando "pseudorreformas", lançando mão de instrumentos propagandísticos e demagógicos, elas conseguem até mesmo manter sob o seu controle significativos e representativos setores das camadas populares. Mas, se mesmo assim, as transformações da ordem capitalista fossem empurradas em direção à *"revolução dentro da ordem"*, as classes dominantes lançariam mão da violência armada para manter o congelamento da descolonização. A exceção consistiu no processo cubano uma vez que os "de baixo" conseguiram entrar na história e avançaram tão longe quanto os revolucionários, desencadeando uma revolução – que, enquanto processo histórico, deve ser permanente – , exigindo a organização e a constituição de classes independentes e conscientes do seu papel na história e assumindo o socialismo como horizonte.

No que se refere à "transformação capitalista", Florestan alerta para a *ilusão* de que o desenvolvimento capitalista pode produzir resultados idênticos em todas as partes. Acontece que na maioria dos países latino-americanos, a revolução burguesa

> acabou se definindo e se desatando *pela cooperação com o polo externo e através de iniciativas modernizadoras de monta, desencadeadas pelo polo externo* [...] A burguesia externa retirou a burguesia neocolonial e dependente ou de sua apatia ou de suas ilusões de progresso espontâneo, e a revolução burguesa se aprofunda literalmente como uma catástrofe histórica. (cf., *infra*, p. 117-118)

Dessa maneira, ficam evidentes os limites dessa transformação, uma vez que há um desenvolvimento capitalista de modo unilateral e sem correr riscos, uma articulação mais flexível e eficaz entre o "capital interno" e o "capital externo" combinados com a atuação do Estado.

Essa condição se desdobra numa situação complexa e contraditória, pois as *"revoluções burguesas em atraso"*, agora, podem significar um *"alargamento do espaço histórico das classes trabalhadoras"* desde que e quando elas sejam capazes de se constituírem de forma independente, assumindo funções avançadas na luta de classes pelo socialismo como realidade histórica. Mas, as fissuras que podem vir a surgir no seio das classes dominantes só serão favoráveis às classes trabalhadoras se estas se *prepararem para enfrentar novos patamares na luta revolucionária*; do contrário, presenciaremos a continuidade do desenvolvimento do capitalismo imperialista no continente.

No tópico "As lições de Cuba", Florestan esclarece como as classes dominantes "resolvem" as contradições das heróicas lutas pela independência, que praticamente seguiram as linhas comuns observadas em outros países da América Latina. No entanto, em Cuba esses direcionamentos deixam mais evidentes as "tendências centrífugas da burguesia, sua incapacidade total de deslocar a 'defesa do capitalismo' em favor da descolonização completa, da

APRESENTAÇÃO

revolução democrática e da revolução nacional". Com o agravamento da "incapacidade" da burguesia levar adiante tais reformas, surgem outras forças para enfrentar determinadas contradições. Dessa maneira, as forças revolucionárias, "empurradas" pela pressão popular cumprem os compromissos da *descolonização*, levando adiante a implantação da democracia e da construção de uma nação independente dos interesses capitalistas imperialistas. Como a bandeira revolucionária não podia ser assumida pela burguesia, ela se desloca para os "de baixo", que exigem do governo revolucionário um conjunto de reformas e as demais tarefas da revolução, imediatamente. Como afirma Florestan:

> A página da história foi virada completamente, sem colaboração frutífera com a burguesia como tal [...] Desde que o grosso da população (isto é, as classes destituídas e oprimidas) subiu à tona e podia externar a que vinha, a burguesia estava fora do baralho e, com ela, o poder imperial do qual ela fora um fantoche. (cf., *infra*, p. 126-127)

Essa tem sido uma das principais lições de Cuba: demonstrar a real condição das *"revoluções burguesas em atraso"*, sua incapacidade histórica de levar adiante as reformas tipicamente democráticas e de caráter nacional, ainda que dentro dos marcos do capitalismo. Portanto, Cuba demonstra e evidencia as possibilidades da *"revolução em avanço"* que "tem de desagregar e de destruir toda ordem pré-existente até ao fundo e até ao fim, para lançar as bases da formação e da evolução históricas de um novo padrão de civilização" (cf., *infra*, p. 129-130). Acabaram-se as ilusões, o caminho foi indicado.

Quem "aproveita as contradições" na luta de classes? Segundo Marx, as lutas de classes não substituem os seus agentes e, muito menos, as "contradições antagônicas" podem destruir por si só o sistema capitalista, como adverte Florestan. Um dos grandes dilemas postos em nossa realidade tem sido: por um lado, as debilidades e características de evolução e desenvolvimento do capitalismo e, por outro, como consequência, a formação de uma classe operária que possa ir se constituindo e se formando enquanto "*classe em si*", ou seja, como classe independente em relação à burguesia. Essa realidade histórica específica não permite que sejam transferidas para a "periferia do capitalismo" ideias, análises, dinâmicas da luta de classes e estratégias políticas procedentes, principalmente, da Europa. Aqui, os primeiros movimentos proletários enquanto classe, ou foram cooptados, absorvidos pela ordem burguesa, ou foram esmagados, destruídos sem nenhum escrúpulo pelas classes dominantes. É quando Florestan apresenta a questão:

> (...) como levar, para proletários dotados de baixa capacidade de organização de classe e de fraco potencial de luta de classes em escala nacional, uma forte consciência revolucionária e uma disposição imbatível de conduzir à prática as tarefas políticas do proletariado? (cf., *infra*, p. 131)

Esta condição exigiria dos marxistas uma posição de análise na qual a periferia "antes de 'ficar igual' ao mundo capitalista mais avançado, extrairia do seu atraso o fator do seu avanço revolucionário" (cf., *infra*, p. 131-132). Este é o desafio e o dilema enfrentados também por Lenin em *Que fazer?*

Retomando a questão das contradições, Florestan esclarece que: primeiro, elas não são apenas *construções abstratas,* mas partes constitutivas das relações sociais reais em uma determinada sociedade; segundo, elas *não impedem* que o capitalismo se expanda e o poder da burguesia continue crescendo com essa lógica e nessas condições; terceiro, as contradições podem se transformar em *poder real* para os proletários quando há a possibilidade de articular a sua própria constituição enquanto classe com a dinâmica da luta de classes, ou seja, travando as lutas contra a burguesia. Em síntese, as contradições podem ser

APRESENTAÇÃO

aproveitadas por ambas as classes, dependendo das condições históricas concretas em que elas se constituem e se movem. Não se pode esperar que as contradições "se acumulem e amadureçam", pois, de acordo com Florestan:

> As contradições que não são aproveitadas ativamente pelo movimento sindical e operário são drenadas pelo sistema capitalista de poder e convertidas em *apatia das massas*, ou seja, em submissão dirigida (cf., *infra*, p. 133).

E, adverte de maneira contundente:

> Se não houver uma corajosa disposição de não ceder terreno e uma clara consciência de que o proletariado e as demais classes trabalhadoras não podem ser indiferentes ao 'controle *racional* das contradições' ou ao seu aparente congelamento histórico, o movimento sindical e operário cometerá um puro suicídio político e deixará nas mãos da burguesia uma supremacia absoluta (cf., *infra*, p. 134).

São evidentes os desafios e a dramaticidade dos combates simultâneos contra o capital nacional e seu regime autocrático-burguês e contra o capital internacional em sua fase imperialista. No entanto, não há como se esquivar; ao contrário, se pensarmos em revolução, em socialismo, esses enfrentamentos deverão existir e precisam ser levados até o fim, custe o que custar.

Por último, adverte uma vez mais Florestan:

> As 'contradições' não fazem revolução no *lugar* da classe operária. Se se quiser acabar com as pseudorrevoluções e com as revoluções interrompidas das classes dominantes – ou, o que é mais importante hoje, se se quiser enfrentar e bater a contrarrevolução burguesa – é preciso criar uma relação inteligente com as contradições na massa operária, na vanguarda das classes trabalhadoras, nas atividades dos sindicatos e dos partidos operários etc. (cf., *infra*, p. 141)

Conhecer as contradições profundamente (na sua essência e movimento) e utilizá-las de forma "inteligente", organizada e sem temor, é condição fundamental para o avanço da luta de classes sob a perspectiva do operariado; do contrário, ele continuará "caudatário do movimento burguês". É preciso forçar a sociedade capitalista a *pular* de uma *"revolução que abortou"* para uma revolução na qual as contradições existentes sejam destruídas nas profundezas, o que somente uma revolução socialista será capaz de levar até o fim.

Parece-nos que essas questões dos rumos na luta de classes na América Latina continuam extremamente atuais e exigem dos militantes a convicção e a tomada de decisão coerente com a história. Essa posição deve assumir com clareza que as *"revoluções em atraso"* já cumpriram seu papel e que somente *"as revoluções em avanço"* (socialistas) podem representar alternativas de emancipação humana para o conjunto dos trabalhadores e explorados do continente e do mundo como um todo.

Nesse sentido, a contribuição política de Florestan é fundamental não apenas em termos teóricos, tal como se pode ver nesta obra, mas também em termos práticos. A coerência que manteve com sua classe de origem - como ele mesmo assinala em uma de suas entrevistas - se expressa em uma vida dedicada a compreender e a transformar a realidade brasileira. Ele nos mostra que as opções políticas colocam as tarefas inovadoras e criativas num momento histórico em que a *comida* não pode ser *requentada*, terá que ser preparada e servida na hora. E isso só será efetivado se tivermos em conta que na construção de uma nova sociedade todo militante deve: "não se deixar cooptar, não se deixar liquidar e lutar sempre"

NOTA EXPLICATIVA

Este livro reúne três ensaios que são publicados pela primeira vez. "Notas sobre o fascismo na América Latina" foi apresentado em um simpósio realizado na Universidade Harvard no início de 1971, enquanto eu ainda era professor da Universidade de Toronto. O trabalho suscitou controvérsias, pois foi fortemente atacado pelos participantes do simpósio e veementemente defendido pelo auditório, especialmente pelos estudantes e jovens intelectuais. Pela primeira vez, descobri que o fascismo não pode ser debatido sem certas reservas mentais e fiquei surpreso com as feridas deixadas pelo nazismo, principalmente, em cientistas sociais e políticos alemães e judeus de alto renome. Nele desenvolvi ideias que havia elaborado em sondagens anteriores, não publicadas, sobre o salazarismo, que pareciam aplicar-se à situação histórico--social da América Latina. Tentei publicar o pequeno ensaio em português, naturalmente sem nenhum êxito.

"Os movimentos de guerrilha contemporâneos e a ordem política na América Latina" foi reelaborado, em fins de 1977, com base nas anotações usadas em conferências que fiz, em 1970 e 1971, em algumas universidades canadenses sobre o tópico, assim formulado. Eliminei uma grande parte das questões e reduzi ao mínimo as fontes utilizadas. Nessa data, poderia ter aproveitado livros ou materiais que saíram à luz posteriormente.

Em homenagem aos estudantes, jovens intelectuais e professores de esquerda do Canadá mantive a discussão no tom e nos

NOTA EXPLICATIVA

parâmetros políticos de então. As sociedades que se protegem contra revoluções por assim dizer "exportam" os sentimentos revolucionários! Havia uma preocupação generosa pelo "Terceiro Mundo", por Cuba e por toda a América Latina, uma exaltação fervorosa da guerrilha, que o *establishment* sabia canalizar e aproveitar autodefensivamente (e, também, comercialmente). Os jovens, os intelectuais e os ativistas, porém, viviam com integridade e coragem o ardor revolucionário projetado para o exterior e me deram amplas oportunidades de compartilhar seu movimento político vicário. Lamento ter reduzido as proporções do texto e, especialmente, ter optado pela omissão de tantos livros. Ao leitor brasileiro, hoje, talvez fosse útil não ignorar a introdução conscienciosa do livro de Richard Gott (na edição em espanhol: *Las guerrillas en América Latina*, trad. de Patricia Samsing de Jadresic. Santiago de Chile, Editorial Universitaria, 1971, p. 10-40) e o livro posterior de Régis Debray (*La crítica de las armas*. México, Siglo Veintiuno Editores, 1975). O ensaio, é óbvio, só agora pode ser dado a lume.

"Reflexões sobre as 'revoluções interrompidas' (uma rotação de perspectivas)" foi concebido no ano passado, mas só em fevereiro deste ano pude escrevê-lo. Tinha em mente realizar um ensaio de fôlego um pouco maior. No entanto, ele se impôs a mim da forma em que está e traduz o que posso fazer no tipo de militância isolada e ensaística que ficou ao meu alcance. O assunto é crucial e merecia um tratamento empírico e teórico em profundidade. Todavia, o que importa, no momento, é a sua atualidade política. Parecia que, depois de 1964 e de 1968, as esquerdas aprenderiam as lições dos fatos e que haveria um esforço mais maduro na linha da recuperação da ótica comunista, que já foi explorada e recomendada no século passado por Marx e Engels. No entanto, não é isso que acontece. A tragédia não se repete como comédia: a comédia continua... Voltamos a erros mais ou menos antigos e mais ou menos recentes. Nas extremas e no centro da esquerda a comida requentada está sendo servida como prato novo e recém-preparado! Empenho-me em combater essa resistência obstinada a saltar para a frente e a buscar os caminhos revolucionários claramente imperiosos da luta de classes na América Latina. Se não fiz o que pretendia (e, provavelmente, o que seria mais útil como reflexão histórico-sociológica), estou convicto de que respondi aos anseios especificamente políticos dos que querem ver o socialismo revolucionário e o comunismo arcarem com suas tarefas decisivas neste momento. Respeito a prudência tanto quanto a imprudência dos que voltam a esquemas superados e vazios, por motivos opostos. Porém não consigo vencer as frustrações que tive de enfrentar e tampouco as responsabilidades que nos cabem diante do movimento operário e sindical. O pretexto de "combater a ditadura" não pode justificar nem o oportunismo nem o extremismo infantil, pois a linha de frente passa historicamente pela revolução burguesa em atraso ou pela revolução socialista em avanço. As escolhas ditam o que nos cabe fazer, além e acima do "combate à ditadura" e da "Luta pela constituinte"...

Os três ensaios têm em comum a problemática do poder, o poder que se organiza para constituir a ordem e defendê-la por todos os meios, e o poder minúsculo mas real, que tende a crescer, dos que se opõem à ordem revolucionariamente e querem transformá-la ou destruí-la. Por isso, pensei que por aí poderia extrair um título razoável, nos limites dessa oposição dialética entre poder e contrapoder. Previno o leitor, desde já, que o livro abrange ensaios díspares e que em nenhum dos ensaios é feita uma análise ou uma descrição acadêmica do "poder como fenômeno político". No primeiro ensaio, estava dentro da academia de corpo e alma, e quase cheguei a cometer o pecado de cair no formalismo da "ciência política" atual. Evitei a queda porque

NOTA EXPLICATIVA

levei para a academia a disposição de suscitar um debate engajado e contestador. Os demais ensaios são típicos da relação do sociólogo-socialista com o ambiente explosivo da América Latina. Todos nós somos compelidos a misturar ciência com ideologia e com política, pois não tememos tornar explícito o que é uma realidade. Essa mistura, que comparece mistificada e oculta nas obras de alta-academia, está nos fatos e está na consciência de todos. Deve, pois, aparecer na reflexão mais ou menos teórica do sociólogo, do historiador ou do intelectual empenhado na criação de um pensamento socialista próprio à América Latina. O que possa haver de científico na produção intelectual do sociólogo, do historiador ou do socialista não é nem "degradado" nem "contaminado" com isso. Ao contrário! Só quando "a ciência é poder" em termos da ordem e de sua defesa passiva ou ativa essa vinculação dialética pode ser escondida ou negada. Os que se preocupam com o poder real dos que recorrem à violência como contraviolência e se aliam com eles não convertem ciência em poder sem deixar clara a vinculação desses três polos da transformação revolucionária do mundo.

Ferraz de Vasconcelos, 18 de fevereiro de 1981.[1]

---

[1] [Segundo Heloisa Fernandes, a família de sua mãe – Myriam Rodrigues Fernandes, esposa e companheira de Florestan por mais de 50 anos – possuía um pequeno sítio na cidade de Ferraz de Vasconcelos, região metropolitana de São Paulo, para onde Florestan gostava de ir quando pretendia escrever. Ele colocava um caixote de madeira na garagem do quintal e era assim que escrevia o dia todo.]

NOTAS SOBRE O FASCISMO NA AMÉRICA LATINA[1]

O fascismo não perdeu, como realidade histórica, nem seu significado político nem sua influência ativa. Tendo-se em vista a evolução das "democracias ocidentais", pode-se dizer que Hitler e Mussolini, com seus regimes satélites, foram derrotados no campo de batalha. O fascismo, porém, como ideologia e utopia, persistiu até hoje, tanto de modo difuso, quanto como uma poderosa força política organizada. Não só ainda existem regimes explicitamente fascistas em vários países; uma nova manifestação do fascismo tende a tomar corpo: através de *traços* e mesmo de tendências mais ou menos abertas ou dissimuladas, a versão industrialista "forte" da *democracia pluralista* contém estruturas e dinamismos fascistas. Na verdade, a chamada "defesa da democracia" somente modificou o caráter e a orientação do fascismo, evidentes na rigidez política do padrão de hegemonia burguesa, no uso do poder político estatal para evitar ou impedir a transição para o socialismo, na tecnocratização e militarização das "funções normais" do Estado capitalista, em uma era na qual ele se converte

---

[1] Notas da exposição apresentada na mesa redonda sobre "A Natureza do Fascismo e a Relevância do Conceito na Ciência Política Contemporânea" (Departamento de Sociologia, Harvard University, de 10 a 11 de março de 1971). As poucas alterações feitas não afetaram a essência do texto original. Além disso, as ideias expostas se mantiveram presas à última metade da década de 1960 e ao início da década de 1970.

no "braço político armado" da grande empresa corporativa e na retaguarda de um sistema mundial de poder burguês.

Os países da América Latina não são – nem poderiam ser – uma exceção nesse vasto quadro. Nesses países, propensões internas para o autoritarismo e o fascismo foram largamente intensificadas e recicladas pela crescente rigidez política das "democracias ocidentais" diante do socialismo e do comunismo. Como a revolução socialista eclodiu em Cuba, a "ameaça do comunismo" deixou de ser um espectro remoto e nebuloso. Ela se apresenta como uma realidade histórica continental e um desafio político direto.

Infelizmente, o estudo do fascismo sofreu dois impactos. Um foi e continua a ser a má aplicação de conceitos como "autoritarismo", "totalitarismo", "autocracias modernas" etc., para esconder identificações ideológicas (ou certos compromissos intelectuais). Regimes claramente fascistas podem ser descritos como "autoritários" ou mesmo como "ditaduras funcionais" desde que se postule que eles "são frequentemente instituídos a fim de impedir a ameaça de um golpe por um movimento totalitário", e tenham "uma feição essencialmente técnica".[2] De outro lado, tem-se dado maior atenção sistemática à análise de tipos de fascismo de "alcance" e "significado" históricos. Espanha e Portugal, por exemplo, foram relativamente negligenciados."[3] A consequência disso é que uma forma de fascismo de menor refinamento ideológico, que envolve menor "orquestração de massa"

---

[2] C. J. Friedrich e Z. K. Brzezinski, *Totalitarian dictatorship and autocracy*. Cambridge, Massachusetts, Harvard University Press, 2ª ed., 1965, p. 8-9.

[3] Parece-me que a delimitação empírica do fascismo, introduzida por E. Nolte (*Three faces of fascism*. Action Française, Italian Fascism. National Socialism, Londres, Weidenfeld & Nicolson, 1966), é bastante frutífera e corrobora a análise feita (ver especialmente p. 460). Com referência à Espanha, sua caracterização é acurada, mostrando a vantagem do conceito, tão evitado por vários cientistas sociais.

e um aparato de propaganda mais rudimentar, mas que se baseia fundamentalmente na monopolização de classe do poder estatal e em uma modalidade de *totalitarismo de classe*[4] não seja bem conhecido sociologicamente.

O fascismo na América Latina tem sido, até o presente, uma versão complexa dessa espécie de fascismo.[5] Como tal, ele pressupõe mais uma exacerbação do uso autoritário e totalitário da luta de classes, da opressão social e da represssão política pelo Estado, do que doutrinação de massa e movimentos de massa. Ele é substancialmente contrarrevolucionário e emprega a guerra civil (potencial ou real; e "a quente" ou "a frio") em dois níveis diferentes (e por vezes concomitantes): 1º) contra a democratização como um processo social de mudança estrutural (por exemplo, quando ela ameaça a superconcentração da riqueza, do prestígio e do poder), ou seja, ele se ergue, de modo consciente, contra a "revolução dentro da ordem"; 2º) contra todos os movimentos socialistas, qualificados como revolucionários – portanto, ele também procura barrar a "revolução contra a ordem existente" (a qual foi, aliás, a *função histórica* do fascismo na Alemanha e na Itália). Alguns observadores encaram essa forma de "subfascismo" – ou de "pré-fascismo" como uma herança colonial, localizando o seu

---

[4]   O "totalitarismo de classe" só é possível em sociedades estratificadas nas quais a cultura especial da classe dominante (ou setores de classe dominante) opera e é imposta como se fosse a cultura universal de toda a sociedade (ou a "civilização"). Às vezes, a cultura especial da classe baixa é contraposta a ela como "folclore" ou "cultura popular". Quando os membros da classe baixa "saem de seu mundo" e desempenham papéis que se vinculam às esferas econômica, social e política da sociedade global, eles compartilham, de uma forma ou de outra, traços ou complexos institucionais da "civilização" (ou, em outras palavras, da cultura oficial e dominante).

[5]   Esse tipo de fascismo corresponde às duas funções de autodefesa e de autoprivilegiamento que ele alcança nas mãos de classes ameaçadas, descritas por F. Neumann (*The democratic and the authoritarian State – Essays in political and legal theory*. Glencoe, Illinois, The Free Press, 1957, p. 250-251). (Ed. bras.: *Estado democrático e Estado autoritário*. Rio, Zahar, 1969).)

componente central na manipulação autocrática das estruturas de poder e da maquinaria do Estado. Não é necessário negar certas continuidades culturais para se fazer a crítica de semelhante interpretação. Seria errado supor que as manifestações do fascismo na América Latina constituam um mero produto (ou um subproduto) de estruturas de poder arcaicas. O fascismo, em si mesmo, é uma força muito moderna e seus objetivos mais recentes estão relacionados com o "desenvolvimento com segurança", um desdobramento da interferência das potências capitalistas hegemônicas e das empresas multinacionais com vistas a garantir a estabilidade política na periferia. Essa evolução coincide com os interesses conservadores, reacionários e contrarrevolucionários de burguesias relativamente impotentes, que preferem a capitulação política ao imperialismo a lutar pelas bandeiras tradicionais (ou "clássicas") de um nacionalismo burguês revolucionário. De outro lado, se adotarmos conceitos derrisórios (como "subfascismo" ou "pré-fascismo"), com isso não modificaremos a realidade. Esses e outros nomes mal se aplicam à contrarrevolução organizada política e militarmente e às suas implicações políticas tão complexas e destrutivas, que consolidam o poder da reação e excluem da cena histórica todas as formas de mudança política estrutural (anticapitalistas ou não), que escapem ao controle direto ou indireto das classes possuidoras e de suas elites dirigentes.

A delimitação empírica do fascismo, no contexto histórico dos países latino-americanos, é em si mesma uma tarefa muito complicada. O baixo nível de autonomia da ordem política impede, em toda a parte, a eclosão das formas extremas do fascismo. No entanto, nessa mesma condição se acha a raiz da extrema difusão de traços e tendências fascistoides e especificamente fascistas, em diferentes tipos de composições do poder (embora, com frequência, o elemento propriamente fascista apareça como uma conexão política seja de uma dominação autocrática de classe, seja do Estado burguês autocrático).

Nesse sentido, poder-se-ia afirmar que condições e processos externos à ordem política possuem uma relação funcional e causal com a proliferação tanto de manifestações embrionárias, quanto de variedades "maduras" de fascismo. Considerando-se os 20 países latino-americanos em conjunto, a contemporaneidade de situações históricas não coetâneas revela um fenômeno chocante. Alguns países estão enfrentando situações estruturalmente similares àquelas em que emergiram os Estados-nações ou, ainda, àquelas em que uma limitada integração nacional foi alcançada sob a dominação oligárquica-tradicional. Outros países estão enfrentando os dilemas presentes do capitalismo dependente em um período de "avanço industrial", de reincorporação às economias capitalistas centrais e de tensão, com burguesias incapazes de preencher todos os seus papéis históricos como agentes de uma revolução nacional. Como casos típicos de cada uma dessas três instâncias seria possível mencionar o Haiti, o Paraguai e o Brasil (ou a Argentina). No primeiro caso, a maximização de interesses, valores e estilo de vida dos setores dominantes prevalece de acordo com uma orientação extremamente particularista e tradicionalista (a despeito do aparato moderno de uma ditadura totalitária). Esses setores se opõem, a um tempo, seja a uma comunidade de poder político entre iguais (o que poderia conduzir a uma transição para uma forma de dominação oligárquica), seja à participação social das massas (a qual poderia implicar algum grau de democratização política). Em consequência, a persistência do *status quo* depende de uma forma específica de despotismo, pela qual um *caudilho* (ou um déspota) se torna instrumental para o controle de estruturas de poder políticas e do governo pelos setores sociais dominantes. No segundo caso, os setores dominantes são organizados como uma oligarquia tradicional, capaz de proteger seus interesses, valores e estilo de vida através de um controle rígido do poder político e do governo. Eles restringem a participação social e se opõem à emergência de uma democracia de participação ampliada (vista como uma ameaça ao *status quo*). O terceiro caso é mais complexo. Os setores dominantes são diversificados e enfrentam clivagens internas, vinculadas a polarizações de conflitos nacionais e à dominação imperialista externa. Mas eles dispõem de condições para estabelecer, graças a composições civil-militares, uma política conservadora-reacionária e para impô-la como uma articulação da hegemonia burguesa (abrangendo agentes internos e externos, com seus respectivos interesses e orientações de valores). Isso quer dizer: controle plutocrático do Estado e do governo, acima ou mediante processos politicamente legítimos, e a preservação do *status quo* através da violência institucionalizada e organizada (para manter a distorção permanente da democracia com participação ampliada e para impedir qualquer transição mais ou menos rápida mesmo para uma "democracia competitiva").

Nesses três casos, condições e processos externos à ordem política determinam a reorganização do espaço político, com as funções correlatas e os usos livres que lhe são atribuídos. Entretanto, nos três casos é evidente que a ordem política predominante subsiste sob intensa e permanente compressão ("legítima", segundo a concepção dominante, para a qual os privilégios são "naturais", "úteis" e "necessários"; e dinamizada por uma compulsão totalitária dos próprios setores privilegiados). A natureza desse processo político tem diferentes significados e implicações estruturais variáveis em cada caso. Não obstante, ele envolve um dinamismo político que é universal e fundamental. Em todos os três casos a ordem política é adaptada às condições demográficas, econômicas, culturais e políticas em mudança e a adaptação sempre possui a mesma função básica: a reconfiguração da ordem política para estabelecer novas posições de força, bastante fortes para garantir a continuidade ou o aperfeiçoamento dos privilégios e o controle estável do poder (em todas as suas formas) a partir de cima.

Se considerarmos apenas o que ocorre com a ordem política, dois processos políticos concomitantes poderiam ser identificados empiricamente. Primeiro, o enfraquecimento da ordem política como uma fonte de dinamismos comunitários e societários de "integração nacional" e de "revolução nacional". Segundo, o uso estratégico do espaço político para ajustar o Estado e o governo a uma concepção nitidamente totalitária de utilização do poder. Na medida em que a ordem política é enfraquecida, ela não pode gerar as forças políticas requeridas quer pelos usos do poder supostos "normais" na ordem legal existente, quer para ser a fonte de mudanças econômicas, socioculturais e políticas "progressivas". O que significa que o que é pressuposto ou implícito transcende à preservação do *status quo*. A ordem política, estabelecida institucionalmente (em todos os casos) como sendo "democrática", "republicana" e "constitucional" é permanentemente distorcida por e através de objetivos totalitários dos setores sociais dominantes. E as transições políticas, do "despotismo" para a "democracia restrita", da "democracia restrita" para a "democracia ampliada", ou da "democracia ampliada" para a "democracia competitiva", são sempre solapadas, bloqueadas e postergadas. Em consequência, "integração nacional" e "revolução nacional" (em termos da ordem legal existente) tornam-se impossíveis. Na medida em que o uso estratégico do espaço político é organizado e dirigido conforme uma concepção totalitária da utilização do poder, o Estado e o governo, na prática, são projetados em uma tendência intensa e permanente de fascistização (em todos os níveis das funções e dos processos de decisão em que o Estado e o governo se achem envolvidos). Portanto, um totalitarismo de classe produz seu próprio tipo de fascismo, que é difuso (e não sistemático), que é fluido (e não concentrado), em suma, um fascismo que tem seu nexo especificamente político *dentro do Estado e do governo*, mas que impregna socialmente todas as estruturas de poder *no seio da sociedade*.

A falta de elaboração ideológica e de uma tecnologia organizatória (como movimentos de massas; mobilização dos "setores baixos" – ou pelo menos dos *Lumpen* e da pequena burguesia; um partido; associações controladas pelo partido e reguladas pelo Estado – com exceção dos sindicatos; símbolos compartilhados; liderança carismática definida em termos "nacionalistas" e do "caráter sagrado do patriotismo" etc.) não indica ausência de fascismo. Mas constitui uma evidência histórico-cultural de uma forma particular de fascismo (não somente *potencial*), no qual esses requisitos da fascistização das estruturas de poder, do Estado e do governo não necessitam seja uma intensa elaboração ideológica, seja uma tecnologia organizatória própria. O caráter fascista das ações e processos políticos não se funda somente na contradição entre o uso institucionalizado da violência para negar os direitos e garantias sociais estabelecidos e as imposições *"universais"* da ordem legal; mas na existência de uma ordem constitucional que é menos que simbólica ou ritual, pois só tem validade para a autodefesa, o fortalecimento e a predominância dos "mais iguais" (ou os privilegiados). Por conseguinte, ele se corporifica e atualiza cotidianamente na conexão política, reproduzida constantemente, entre o totalitarismo de classe, a "salvação nacional" (ou "defesa da ordem") por meios autocráticos, reacionários e violentos, e a "revolução institucional" (ou seja, a dupla ação contrarrevolucionária, que se desdobra simultaneamente, de fato contra a *democracia*, nominalmente, contra o *comunismo*). Nesse sentido, o elemento essencial das ações e processos políticos parece ser a contrarrevolução, que afirma a totalidade por sua negação, isto é, uma "unidade" e uma "segurança" da Nação que não passam de uma unidade e segurança dos interesses, valores e estilo de vida das classes dominantes, bem como do seu *reflexo* na concepção totalitária da onipotência de tais classes. Por isso, numa situação-limite, de crise e de tensão extremas, a hegemonia social das *grandes famílias*, ou da *oligarquia*, ou da *burguesia* é imposta pelo reverso da sua normalidade (o que inverte a relação das grandes famílias, da oligarquia e da burguesia com a ordem legal que elas apoiam). Aqui se acha uma combinação ultracontraditória de extremos, uma racionalidade que é irracional, uma defesa que é uma destruição, uma solução que elimina as transições normais e intensifica as potencialidades revolucionárias de crise.[6]

De outro lado, a falta de elaboração ideológica e de técnicas organizatórias específicas é um produto da espécie de controle das forças econômicas, socioculturais e políticas conseguido pela minoria privilegiada, poderosa e atuante através do totalitarismo de classe, pois aquela minoria pode, graças à extrema concentração da riqueza e do poder, usar de modo direto e permanente a violência institucional objetivada, legitimada e monopolizada pelo Estado. Se a ordem civil *é fraca*, como acontece por motivos diferentes nos países tomados como ponto de referência, a ausência de oposição organizada ou de oposição organizada bastante eficiente, o caráter ocasional e a impotência relativa da resistência cívica permitem quer fascistizar certas funções essenciais e estratégicas do Estado (sem tocar em outras condições, estruturas e funções), quer atingir uma rápida fascistização de tais funções do Estado (e mesmo de todo o Estado) se as circunstâncias o exigirem. As "aparências" são mantidas; a relação entre meios e

---

6 Se consideramos a queda de Batista e o colapso do capitalismo em Cuba, esta não vem a ser uma simples suposição.

fins políticos é que se altera, para dar lugar a controles políticos que colocam a mudança, a "defesa da ordem" e o esmagamento de toda e qualquer oposição sob o arbítrio das minorias dominantes e privilegiadas. A constituição e os códigos se mantêm, porém eles só *permanecem funcionais* para aquelas minorias e, se for imperativo, recebem inovações que neutralizam suas garantias políticas e legais, de acordo com algum modelo da "democracia autoritária", "corporativa" e "nacional" (usualmente, a influência dos regimes franquista e salazarista é mais forte que a do nazismo alemão ou do fascismo italiano). A liberdade é preservada, nesses termos, como identificação ideal, consentimento e apatia. Outros traços do fascismo são evidentes em diferentes níveis da mente humana e do comportamento individual ou coletivo. Em todos os três países (ou quatro, incluindo-se a Argentina), a persuasão direta, a violência organizada e institucional, o terror ocasional ou sistemático são aplicados através de vários meios. O controle da comunicação de massa, eleições rituais, parlamentos simbólicos, opressão e neutralização da oposição, extinção dos dissidentes etc. constituem uma rotina supervisionada pelo aparato repressivo do Estado. Também o controle central da economia, da educação, do movimento operário e dos sindicatos, das greves operárias e estudantis, da desobediência civil etc., com a aplicação calculada da polícia, das forças armadas e do aparelho judiciário, são feitos nos limites necessários –, e com notável *flexibilidade* – com vistas à reprodução das orientações totalitárias das classes dominantes e à capitulação ou à submissão dos *opositores renitentes* às imposições fascistas do governo. Supõe-se que existe uma separação entre Estado e sociedade, porém ela é pouco clara na prática, em consequência da rígida combinação de monopólio econômico, social e político do controle do Estado e de suas funções estratégicas pelas classes dominantes e suas elites dirigentes. Não obstante, no Haiti, Duvalier poderia dizer: "*l'Etat c'est moi*". Isso seria menos aceitável por parte da *entourage* e dos partidários de Stroessner; é impossível no Brasil ou na Argentina. Pois nos últimos casos o poder está investido ou em uma oligarquia ou em uma plutocracia, prevalecendo condições que reduzem ou anulam o despotismo pessoal (inclusive, que excluem a vinculação entre fascismo, manipulação demagógica das massas e absorção dos proventos políticos pelo "líder carismático"). Outra variável importante está ligada à polícia e aos controles militares ou "legais". Um terror paroxísmico, como o que prevalece no Haiti, dispensa uma efetiva militarização institucional das estruturas e funções do Estado. O mesmo ocorre quando o totalitarismo de classe surge em combinação com os mecanismos políticos da *oligarquia tradicional*, pois basta o velho tipo de ditadura militar para desencadear o grau necessário de fascismo através do poder político estatal. Entretanto, a articulação do totalitarismo de classe com a *plutocracia moderna* (na qual entram burguesias locais pró-imperialistas e dominação externa imperialista) requer um alto nível não só de militarização, mas também de tecnocratização das estruturas e funções do Estado. Não importa quem seja o "presidente" – um civil, como no Equador; ou um militar, como no Brasil e na Argentina –, o essencial é *como* controlar uma "sociedade de massas" (seria melhor dizer: uma sociedade de classes em expansão e muito desequilibrada) relativamente diferenciada e politicizada. Aquilo que Friedrich e Brzezinski chamam, graças a um eufemismo grosseiro, de "visão técnica" da ditadura moderna, dominada e gerida por uma plutocracia, pressupõe um *"mínimo de fascismo"*, numa escala que suplanta o que existiu e se fez necessário na Espanha de Franco e em Portugal de Salazar.

Esta descrição é demasiado sucinta. No entanto, ela parte de e desemboca em "acontecimentos quentes", no presente em processo. Por isso, pelo menos a "natureza empírica" das principais tendências da manifestação típica (e específica) do fascismo na América Latina de hoje foi posta em relevo. Agora, seria preciso considerar outras questões, que se colocam a partir do passado ou do futuro.

Com referência ao passado, três questões merecem atenção, neste resumo. Os traços e as tendências realmente pré-fascistas (e não de um mero fascismo potencial, noção muito vaga e que não leva a nada) do totalitarismo de classe. A manifestação de movimentos fascistas moldados por paradigmas europeus plenamente desenvolvidos e seu malogro. As potencialidades fascistas da demagogia, do populismo, do sistema de partido único (ou de partido oficial). Como um componente persistente, também seria necessário apontar a contribuição estrutural e dinâmica da nova tendência de incorporação de países da América Latina ao espaço econômico, sociocultural e político das nações capitalistas hegemônicas e, principalmente, de sua superpotência, os EUA.

Seria aconselhável começar por uma digressão sobre este último tema. O despotismo como a oligarquia sempre foram vistos como facilmente acessíveis à manipulação externa. Todavia, os regimes de despotismo e de oligarquia (através da ditadura pessoal ou da democracia restrita) possuíam estabilidade econômica, social e política ou dispunham de um "excedente automático de poder arbitrário" para controlar a mudança na direção de novos regimes políticos, o que os equipava com recursos policial-militares, "legais" e políticos para atender aos *interesses estrangeiros* sem precisarem recorrer a uma extrema rigidez política ou à fascistização saliente de certas estruturas e funções do Estado. Portanto, a segurança de tais interesses, em termos econômicos tanto quanto políticos, podia ser garantida de modo espontâneo mas eficiente dentro dos marcos "normais" de exacerbação dos elementos autoritários inerentes à ordem estabelecida. Por isso, a influência externa só se torna intrínseca e crescentemente fascistoide e fascista por volta dos anos 1930 e depois, época em que aqueles regimes políticos começam a falhar seja na preservação e na reprodução do *status quo*, seja na seleção e no controle indireto da mudança política, seja no fornecimento do "volume de segurança" exigido pelos parceiros externos e pela dominação imperialista. Então, de maneira generalizada, ocorrem fraturas no equilíbrio político, o qual deixa de ser "automático", já que a "reserva de poder arbitrário" disponível defrontou-se com pressões definidas (não importa quão "fracas" ou "fortes" elas chegaram a ser) no sentido da democratização. Nesse contexto, em contraste com os países "mais subdesenvolvidos", os países que já dispunham de um mercado *nacional* (ou em integração nacional) e tentavam industrializar-se mais ou menos rapidamente descobriram a impotência relativa de suas burguesias e a impossibilidade de fundar na hegemonia burguesa qualquer controle viável do *status quo*. A implantação de uma democracia burguesa de participação ampliada (com a "ordem legal democrática" correspondente) ou não passava de uma miragem (o que ocorreu no Brasil) ou acarretava crises convulsivas, sem perspectivas de solução a curto e a médio prazos (o que arruinou a dianteira que a Argentina logrou obter no funcionamento de instituições democráticas). É claro que a importância relativa de componentes externos no padrão de hegemonia burguesa variou de país a país. Em toda a parte, contudo, a presença estrangeira foi física, volumosa e direta: pessoas e grupos de pessoas ativas, em todos os planos da vida econômica, social, cultural e política, com papéis complexos nos processos vitais de tomada de decisões na organização da hegemonia burguesa e na própria atuação do Estado. E em toda a parte tais componentes alargavam ou aprofundavam a participação direta de pessoas, grupos de pessoas, empresas ou organizações estrangeiras no espaço político interno, o que "transferiu para fora" muitos centros de poder aparentemente "nacionais" ou "controlados pelas burguesias nacionais".

Dessa perspectiva, o desenvolvimento capitalista associado e dependente criou o seu próprio padrão de articulação política aos níveis continental e mundial: a capacidade adquirida pela dominação externa imperialista de deprimir e distorcer a ordem política tornou-se única, permitindo às nações capitalistas hegemônicas e à sua superpotência, graças a e através de vários tipos de instituições (além da diplomacia), maximizar interesses econômicos ou objetivos políticos e militares, bem como controlar à distância um amplo processo de modernização acelerada. O que importa assinalar são dois fatos mais conhecidos. De um lado, nos períodos de crises e tensões, nos quais os diferentes sistemas políticos mencionados exigiam mudanças políticas estruturais, os "interesses estrangeiros" inclinaram-se para a direita e a contrarrevolução, reforçando as tendências naturais das elites no poder a sufocarem as "ameaças de anarquia" com mão de ferro (o anseio de "combate ao comunismo" fazia com que *qualquer preço* fosse aceitável e com que várias ondas de fascistização do poder estatal recebessem acolhida simpática ou calorosa). A natureza política de semelhante articulação pode ser analisada convenientemente seja através de regimes títeres, como o de Batista, em Cuba, seja através das ditaduras militares "salvadoras", "institucionalizadas", como as que chegaram ao poder no Brasil e na Argentina. De outro lado, o contexto histórico da *guerra fria* consolidava e generalizava essas tendências. O essencial consistia em impedir que as *fases críticas* da modernização oferecessem alternativas a grupos nacionalistas revolucionários ou ao "movimento comunista mundial". *"Evitar novas Cubas"*, mas, na verdade, tornar a periferia "segura" e "estável" para o capitalismo monopolista vinha a ser o alvo central desse padrão compósito (internacionalizado e imperializado) de dominação burguesa e de poder político burguês. A confluência desses processos imprimia às burguesias dependentes e impotentes da América Latina um papel ativo e considerável na contrarrevolução capitalista e no "cerco ao comunismo", ambos de âmbito mundial, e acarretava, como contrapartida, uma clara intensificação das tendências à fascistização do Estado, apoiadas em assessoria policial-militar e política, em recursos materiais ou humanos e em estratégias vindas de fora (como parte da "modernização global"). Tudo isso indica que esse "curso negro da história" não é de curta duração. Ele se vincula a um padrão de articulação política necessária entre o *centro* e a *periferia* do mundo capitalista. A probabilidade (ou a improbabilidade) de eliminá-lo passa pelo "nacionalismo revolucionário" ou pelo "socialismo revolucionário", duas realidades que escasseiam em um cenário histórico esclerosado por burguesias nacionais fortemente pró-imperialistas e esterilizado direta ou indiretamente pelas próprias pressões imperialistas.

As tendências e processos pré-fascistas estavam naturalmente ligados ao que M. Weber caracterizou como ética dual: sob uma dominação autocrática (ao mesmo tempo "tradicional" e "racional" ou burocrática), os setores sociais dominantes tiraram um proveito devastador da dualidade ética (já que os outros eram a *gentinha sem valia*). Por causa disso, há uma longa tradição de fascismo potencial na América Latina. Quando o fascismo aparece como realidade histórica, ele já encontra dentro da ordem constitucional e legal, sancionado pelos "costumes" e pelas "leis", um quase-fascismo operando como força social (e portanto como uma força política indireta). Esse quase-fascismo se ocultava por trás da monopolização do poder (em geral) e da monopolização do poder político estatal (em particular), pelas minorias possuidoras, privilegiadas e dirigentes. E foi ele que barrou as tentativas mais definidas de absorver o fascismo diferenciado, organizado e específico, porque o tornava um fator de reforço ou meramente suplementar. Muitos observadores puseram em relevo a peculiaridade do *presidencialismo* em países da América Latina, que faz do "Senhor Presidente" um ditador despótico, com traços mandonistas e autoritários próprios. Aqui, não seria demais lembrar outros aspectos do mesmo contexto que têm significação análoga. O nível extremo de centralização dos processos de tomada de decisões, a preponderância fatal do executivo e a vigência na prática de uma "ditadura legal" (ou legitimada apenas pela minoria que compõe a sociedade civil) alimentam uma enorme facilidade de usar o aparato normal da *democracia burguesa* como se ele fosse um Estado de exceção ou de passar-se rapidamente, através de "leis de emergência", para o estado de sítio, a ditadura redentora e o Estado de exceção caracterizado como tal. É óbvio que semelhantes medidas só aparecem na crista de crises – mas qualquer crise parece o "fim do mundo" para quem usa uma ótica autocrática e obscurantista. De qualquer modo, a orientação pré-fascista restringia a necessidade e o recurso às "medidas de exceção" às situações nas quais a violência armazenada institucionalmente se revelasse demasiado débil para "as exigências da situação". Além disso, mesmo os países menos diferenciados possuem uma sociedade civil em que interesses ou valores antagônicos da estratificação em classes atingem os setores dominantes. Daí resultam duas coisas. Primeiro, grupos completamente (ou apenas parcialmente) integrados à sociedade civil (e portanto à ordem legal) são capazes de usar o espaço político tanto para apoiarem quanto para se oporem à continuidade do *status quo*. Segundo, esses grupos podem canalizar as forças políticas existentes, fazer alianças "para baixo" e mesmo polarizar certas tensões perigosas seja para preservar ou fortalecer seja para transformar ou subverter a ordem política e legal. Os traços e tendências pré-fascistas somente se convertem em forças políticas efetivas quando esse tipo de polarização não pode ser resolvido por "acordos entre cavalheiros" e "dentro da ordem", *civilizadamente*! Nessa elaboração peculiar é que se prende a forte predisposição elitista de localizar a fascistização *dentro do Estado*, ou, melhor, nas estruturas e funções do Estado que podem servir com maior rapidez, especificidade e eficácia quer para controlar a "revolução pelos costumes" e a "transformação da ordem", quer para impedir ou congelar a "revolução contra a ordem".

Alguns movimentos fascistas emergiram na América Latina e são por demais conhecidos para ser necessário redescrevê-los aqui. Eles estão vinculados à irrupção e à evolução do fascismo na Europa, bem como à influência que ele exerceu sobre tendências direitistas e ultradireitistas latino-americanas. Alguns movimentos também chegaram a adquirir suporte de massa e tentaram seguir os modelos da Itália ou da Alemanha no que concerne à ideologia, à organização, à liderança, à propaganda, à propensão para o golpe de Estado etc. Em poucas instâncias, como ocorreu na Bolívia, assumiram o caráter de um nacionalismo revolucionário direitista: em outras como sucedeu na Argentina e no Brasil, penetraram a fundo a atuação de líderes demagógicos, deram origem a *falsos pactos sociais* de "grupos progressistas" da burguesia com as massas populares e serviram para produzir seja a domesticação dos sindicatos e a deturpação do movimento sindical, seja a fragmentação política da classe operária. Não obstante, dada a situação latino-americana, esses movimentos fascistas não contavam com espaço econômico, ideológico e político para crescerem e difundirem-se. De fato, o fascismo tinha de competir com o totalitarismo de classe, um equivalente rudimentar mas eficaz e menos arriscado. Ele permitia atingir os mesmos fins de autoproteção das classes dominantes e de fortalecimento da resistência à democracia de participação ampliada ou à revolução socialista, sem que fosse preciso ceder às pressões das massas populares ou aos arranjos de setores das elites *mais ou menos progressistas e radicais*. O próprio presidencialismo e a forma tradicional de ditadura simples continham um potencial de fascistização limitada da "ação do governo" na defesa da ordem existente tido como suficiente pelas classes privilegiadas e suas elites econômicas ou políticas. O principal vinha a ser manter os pobres e as "pressões de baixo para cima" sufocados, inertes, impotentes. A doutrinação ideológica e a mobilização de massas de um movimento fascista real poderia quebrar essa acomodação tão cultivada. O pseudossocialismo e o pseudossindicalismo dos movimentos fascistas surgiam como ameaças explosivas em um contexto histórico onde o nacionalismo poderia converter-se, facilmente, em um barril de pólvora e em fator revolucionário. Além disso, o polo radical de um movimento fascista central não pode ser contido facilmente e pode transformar-se, na própria oscilação dos contrários, no seu oposto (o que se exemplifica: na Bolívia, a ala esquerdista do MNR logrou impor sua preponderância). Todas essas ressalvas não escondem um ganho líquido dos setores mais conservadores e reacionários das classes dominantes. Foi graças aos movimentos fascistas que falharam e foram absorvidos ou superados que se deu a socialização política de várias figuras e grupos "inquietos", "radicais" ou "rebeldes". No presente, essas figuras e grupos voltam à cena política, preparados para *guiar* a guinada contrarrevolucionária da burguesia. Como militares ou civis eles sabiam *como* e *onde* preparar e reforçar a fascistização das estruturas e funções do Estado, utilizando a "revolução institucional" como expediente para montar o *máximo de fascismo* que é compatível com as circunstâncias. Além disso, muitas distorções introduzidas graças às influências diretas daqueles movimentos fascistas *ficaram*. Exemplificando-se através do Brasil: as várias medidas legais, que submetem os sindicatos à tutela governamental e, através desta, aos interesses empresariais e ao padrão de *paz social* da burguesia. A pressão corretiva do movimento sindical e operário nunca foi capaz, a esse e a outros respeitos, de reverter a situação histórica. O que confere às classes dominantes uma vantagem estratégica adicional, especificamente *política e legal*, na confrontação com as massas populares e na debilitação sistemática (ou mesmo na corrupção) da principal *força motriz* de qualquer transição democrática.

Um viés elitista, reforçado por um ponto de vista "liberal" de procedência externa, impôs uma avaliação negativa da demagogia, do populismo, do sistema de partido único (ou de partido oficial), realidades sempre descritas como possuindo um caráter ou uma orientação fascista. Isso é verdadeiro em vários casos e poderia ser compreendido à luz das potencialidades do pré-fascismo mencionado acima. No entanto, existem outros casos nos quais o demagogo, o populismo, o sistema de partido único (ou de partido oficial) desempenharam uma função bem distinta: 1°) canalizando ou tentando criar condições favoráveis a uma "revolução dentro da ordem"; 2°) convertendo-se em uma fonte de mobilização social e semipolítica dos pobres, das massas destituídas de garantias civis e políticas, dos setores rebeldes das classes baixas, médias e altas. Como as massas populares e os radicais não dispõem de um espaço político para ser usado por uma verdadeira oposição *contra* a ordem, não existe uma situação objetiva favorável para que eles desencadeiem uma *revolução democrática* (qualquer que seja o seu teor). Ainda assim, a passagem de controles repressivos conservadores e reacionários (inerentes à ordem pré-existente e ao Estado presidencialista) para controles que derivam de estruturas e funções do Estado que foram submetidas a uma fascistização localizada demonstra que houve uma oscilacão na história. Esses fatos sugerem algo claro para o sociólogo. A revolução democrática *difícil* acabou despontando e assumindo os contornos de uma ameaça real. Nos seus zigue-zagues, a revolução burguesa em atraso bateu em várias portas, algumas certas, outras erradas. Até que a burguesia nacional, o Estado e as multinacionais formassem um tripé, esses zigue-zagues abriram caminhos confusos. O certo é que o novo patamar procura eliminar *toda* a demagogia, *todo* o populismo e *todo* o compromisso do sistema de partido único (ou de partido oficial) com a *revolução nacional*. Esta precisa ser abafada no altar da "aceleração do desenvolvimento" e da "estabilidade política". Tudo isso sublinha que algumas manifestações populares, radicais e de integração nacional são incômodas em si mesmas, independentemente da vinculação ocasional de certas tendências ou dados movimentos com traços ou propensões fascistas. E, em segundo lugar, demonstra que a fascistização localizada de certas áreas do aparelho do Estado tem a sua própria lógica política. Ela repele qualquer "transição democrática" e é incompatível com uma "revolução democrática efetiva". Sua função política real consiste em manter viva a contrarrevolução *por todo e qualquer meio possível*. O que mostra que essa *fascistização sem fascismo* é muito perigosa. E isso não porque ela dá margem à dissimulação e à ambiguidade. Mas porque esse fascismo oculto e mascarado fomenta a guerra civil a frio e é capaz de passar do Estado de exceção para a "normalidade constitucional" sem permitir que se destrua o elemento autocrático que converte o Estado no bastião da contrarrevolução. Ele não só bloqueia a "transformação democrática da ordem". Ele impede a revolução democrática, prendendo a história da América Latina a um passado que deveria estar morto e que foi ressuscitado pelas forças da modernização dependente e controlada à distância.

Em suma, não alimentamos a ilusão de que o fascismo é um fenômeno extinto. No presente, não só as sociedades industriais avançadas do "mundo ocidental" estão prontas para ele, como vão além. Destituíram o fascismo dos elementos rituais, ideológicos e orgiásticos que punham lado a lado o "heroico" e o "vulgar", a "elite" e a "massa". Uma extrema racionalização conduziu-o a uma metamorfose: hoje, ele é parte das tecnoestruturas civis e militares da sociedade capitalista. Ele perdeu saliência, mas não perdeu seu caráter instrumental para a defesa do capitalismo e da crise da civilização industrial capitalista. A América Latina foi toda ela envolvida nessa tendência, porém como "periferia". Não que a tragédia do centro venha a ser a comédia da periferia. Ao contrário, a realidade melancólica do centro se converte numa realidade suja da periferia. É aí que nos encontramos com o *sentido histórico* de uma "defesa da ordem" e com uma "defesa da estabilidade política" que obscurece, ignora ou sufoca pela violência institucional a única via de liberação e redenção que se abre para a grande maioria silenciosa na América Latina.

Não obstante, seria aconselhável distinguir as possibilidades que essa cena histórica condiciona. Uma, liga-se à persistência do tipo de fascismo descrito neste trabalho. As crises políticas com que se defrontam os países latino-americanos são *crises estruturais*. Por causa disso, na medida em que os setores sociais dominantes se mostrarem capazes de preservar o monopólio social do poder e do poder político estatal, o totalitarismo de classe (com suas implicações políticas) continuará a ser um processo histórico-social repetitivo. De outro lado, onde quer que o estágio da revolução industrial seja atingido como uma modernização e uma transição controladas de fora (isto é, sob o capitalismo associado e dependente), a militarização e a tecno-cratização das estruturas e funções do Estado terão de crescer e, com elas, surgirão novas tendências de fascistização generalizada (em outras palavras, a fascistização localizada cederá lugar a uma fascistização global: o que ocorre hoje com o Estado e começa a acontecer com a grande empresa corporativa irá suceder com todas as instituições-chaves, em todos os níveis de organização da sociedade). De acordo com o padrão recebido dos centros externos de irradiação do processo, porém, essa fascistização global terá pouca saliência. Na era atual, sob o capitalismo monopolista já se aprendeu "o que era útil sob o fascismo", os riscos que se devem evitar e como operar uma fascistização silenciosa e dissimulada, mas altamente "racional" e "eficaz", além de compatibilizável com a *democracia forte*. Finalmente, como reação de autodefesa contra a democratização, as variedades radical-populares de democracia e a revolução socialista – ainda o fantasma da "ameaça comunista", de "novas Cubas" etc. – é possível que essa tendência adquira, muito mais cedo do que se pensa, dimensões mais ostensivas, agressivas e "dinâmicas", com uma nova reelaboração do elemento ideológico ou organizatório e da manipulação das massas. Essas perspectivas são sombrias. Nas condições em que realizam a transição para o capitalismo industrial, sob o famoso tripé – burguesia nacional, Estado e multinacionais, com imperialização total de seus centros de poder e de decisões – os países latino-americanos não estão apenas diante da opção: ou *"democracia pluralista"* ou *"socialismo"*. Na verdade, tendo-se em vista o pano de fundo descrito, a emergência de um novo tipo de fascismo poderá estar articulada à transformação da "democracia pluralista" na cidadela da contrarrevolução mundial. Estaríamos diante de uma recuperação do "modelo extremo" ou "radical" herdado do fascismo europeu (isto é da Alemanha e da Itália)? Mesmo que isso ocorresse, o ponto fundamental seria outro. O fascismo central e específico apareceria modificado pelas novas potencialidades da terceira revolução tecnológica. Ele seria muito mais perigoso e destrutivo. E o único caminho para salvar-se a autêntica revolução democrática seria o oferecido pelo socialismo puro e convicto – o socialismo que pretende eliminar o Estado através da democracia *de toda a* população *para toda a* população.

Em resumo, o conceito de fascismo continua a ser relevante nas ciências sociais e, em particular, é importante para o estudo da América Latina contemporânea. Ele é útil para caracterizar, empiricamente, um tipo de fascismo que tem sido negligenciado pelos cientistas políticos. E é necessário para uma melhor compreensão dos limites entre um padrão normal de governo autoritário, sob o presidencialismo, e a extrema distorção que está afetando a presente ordem política. Ele também é frutífero para qualificar fatores e forças que operam em favor ou contra a "integração nacional", a "revolução nacional", a "democracia" e o "socialismo". Ele é estimulante para a análise prospectiva, pois permite situar a provável atividade de fatores e forças que estão por trás da luta que se trava em nossos dias pelo controle do futuro dos países latino-americanos. Porém, como essas realidades estão em movimento, em transformação, corremos o risco de combater uma forma de fascismo enquanto outra pior está tomando corpo e se expandindo. O que mostra que o conceito não importa apenas aos cientistas sociais. Ele é essencial para todos os seres humanos que estão engajados no combate sem tréguas pela supressão das realidades conceituadas como fascismo, em suas modalidades do passado, do presente e possivelmente do futuro. A questão não se reduz à "sobrevivência com liberdade". Trata-se de saber se o homem será senhor ou escravo da *civilização industrial moderna*, com todas as perspectivas que ela abre ou para a destruição da humanidade ou para a igualdade e a fraternidade entre todos os seres humanos.

Nota Suplementar

Elaborado há tempo, este ensaio não apanha evoluções posteriores da forma política do fascismo na América Latina. Em

Notas sobre o Fascismo na América Latina

outras condições, o pinochetismo seria o ponto de referência pacífico de ilustração de sua manifestação mais complexa e, ao mesmo tempo, mais *forte e rica*, que ocorreu no Chile depois da derrocada do Governo Allende.

No entanto, quando o livro já se encontrava em avançado estágio de produção editorial, deparei com um excelente artigo de Newton Carlos, publicado pela *Folha de S.Paulo*.[7] Nele, Newton Carlos salienta o temor que uma das correntes do regime implantado no Chile e "aprimorado" graças ao ardil de um plebiscito ritual sente diante das perspectivas de uma ampla "mobilização popular". Trata-se de uma questão essencial para a caracterização que desenvolvi do fascismo, em sua irradiação latino-americana; essa parte do artigo de Newton Carlos traz, é claro, uma comprovação decisiva para um dos pontos centrais daquele trabalho. Por isso, tomei a liberdade de transcrever o artigo na íntegra, poupando assim ao leitor a necessidade de uma busca própria.

As ditaduras tentam criar "bases civis"

Newton Carlos

Além de "institucionalizar-se", como no Chile, as ditaduras do Cone Sul pensam em modelos de "participação", tipo "Movimento de Opinião Nacional", por meio do qual o general Viola sonha criar as "bases civis" do regime militar argentino. Mas é no Chile que anda mais rápido e com mais eficiência o desenvolvimento de modelos. A montagem de um "Movimento Cívico--Militar", anunciada pelo general Pinochet em setembro do ano passado, é acelerada com o início do período "constitucional" de oito anos, definido como etapa de transição a uma democracia protegida, tecnificada, conduzida por técnicos e não políticos.

Essa aceleração não é ostensiva, não se fala em movimentos ou mobilização de caráter político. Aparentemente se trata de uma operação municipalista, do fortalecimento da "célula municipal"

---

7   *Folha de S.Paulo*, 14 de abril de 1981.

sob controle direto do poder central. A ideia é colocar as Prefeituras à frente de ampla engrenagem "participacionista", cujas peças se juntariam num movimento cívico-militar de apoio ao regime. Essa operação foi lançada logo depois da posse de Pinochet como presidente "constitucional".

Operação

Embora se diga investido "constitucionalmente", na Presidência, por força da nova Constituição "aprovada" em plebiscito no ano passado, Pinochet prorrogou o estado de emergência; estão funcionando no Chile tribunais de guerra, continuam as prisões "ilegais", o desterro e a tortura. Um conhecido ator e diretor, com peça em cartaz, Fernando Gallardo, foi preso pela CNI, Central Nacional de Informações, que vai alcançando os mesmos níveis de brutalidade repressiva de sua antecessora, a Dina. Será este o tipo de regime "moderadamente repressivo", dito como tolerável, desde que amigo, por Jeane Kirkpatrick, um dos latino-americanistas de Reagan? Pinochet foi convidado por Reagan a visitar Washington, onde já esteve o general Viola, da Argentina. Reagan suspendeu as sanções econômicas contra o Chile, decretadas por Carter em represália à impunidade dos mandatos e executantes do assassinato em Washington de um ex-ministro chileno, Orlando Letelier.

Relaxadas as pressões externas e apertados os controles internos, Pinochet parte para a grande operação "cívica". Observem com atenção o que acontece nos municípios chilenos, é o recado da oposição. O mapa municipal do Chile foi alterado por decreto, com a criação de novas "células" que ajudarão a dar vida ao "movimento cívico-militar" de Pinochet. Os prefeitos estão encarregados de criar e desenvolver grupos comunais, organizações de bairros, de mães, de "pobladores", favelados. O pinochetismo investe sobre setores urbanos, no passado em grande parte responsáveis pela força da Democracia-Cristã, do ex-presidente Eduardo Frei. Para enfrentar a esquerda com o controle dos sindicatos, o PDC tratou de organizar as populações marginalizadas das cidades. Pinochet vai mais a fundo nessa estratégia, transformando as prefeituras em cabeças da montagem de um amplo movimento "cívico" de apoio ao regime militar.

Luta

A oposição chilena, toda fragmentada, empunhando diferentes opções, se vê ainda mais acuada. O próprio regime, no entanto, não está isento de consequências dessa operação. A ideia de uma ditadura com "base social" é defendida pelos setores mais duros do pinochetismo, que querem uma ditadura populista e combatem o atual modelo econômico. Os "moderados" ou "aberturistas", partidários do modelo econômico, vinculados às grandes empresas, querem um governo "autoritário submetido a limitações de poderes, "constitucional", "institucionalizado". Têm medo de que um movimento de massas, estilo franquista, termine se voltando contra eles. Até agora Pinochet tem conseguido manejar as duas facções, mas os "moderados" já estão de olho para ver o alcance da revolução municipalista.

Quanto à oposição, passa por seus piores momentos. A própria esquerda "histórica", tradicionalmente ajustada ao jogo político, começa a optar pela violência. Outros setores se rendem à sensação de impotência total. O ex-presidente Frei passou a escrever uma coluna de política internacional.

OS MOVIMENTOS DE GUERRILHA CONTEMPORÂNEOS E A ORDEM POLÍTICA NA AMÉRICA LATINA

Observação Preliminar

Estas notas foram utilizadas em 1970 e 1971 para debater o assunto em algumas universidades canadenses. De início, pensava elaborar um artigo mais completo e articulado; e cheguei a começá-lo (como o demonstra a introdução). Depois, outros temas absorveram o meu tempo e interesse. Desisti de elaborar o artigo a que me havia proposto. No entanto, as reflexões contidas a seguir são úteis aos estudiosos na medida em que sugerem o impacto da guerrilha sobre o mundo acadêmico canadense e o envolvimento dos professores de Ciências Sociais no debate com os jovens. Concentrei minha análise em uma direção: a de oferecer uma perspectiva sociológica à sua compreensão como realidade histórica. Pessoalmente, penso que a guerrilha só excepcionalmente pode preencher funções militares, políticas e humanitárias *construtivas*, o que se dá quando o seu emprego fizer parte de um contexto no qual suas tarefas derivem das relações entre um forte partido revolucionário, um amplo movimento de massas insatisfeitas e um Exército popular organizado em escala nacional. Todavia, esses aspectos da questão nunca foram debatidos a fundo nas exposições que realizei. Os auditórios eram compostos por pessoas que pretendiam entender *por que* a guerrilha se alastrou na América Latina, surgindo para muitos como índice da existência de uma situação revolucionária e como fonte de grandes esperanças no advento de sociedades mais democráticas ou, mesmo, socialistas. Pareceu-me desnecessário atualizar as anotações. De outro lado, como não tive condições de preparar o estudo mais completo, deixo de aproveitar outras notas, que se destinavam à elaboração do artigo. É provável que, em sua forma orginal, as exposições tivessem qualquer coisa de ingênuo. Ninguém mais acreditava no "foco" e no "foquismo", pois já era bastante evidente que, sob esse aspecto, *Cuba não se repetiria*. Não obstante, como escreveu o próprio "Che", "a violência não é patrimônio dos exploradores, os explorados também podem empregá-la". Tentei lançar luz sobre essa *necessidade histórica*, que infundiu à guerrilha latino-americana uma pureza intrínseca ímpar. Os guerrilheiros tentaram não somente "acelerar a história", eles próprios caminharam adiante da história. Embora minha formação socialista me levasse para outra opção, pareceu-me que o *mínimo* que deveria fazer seria salientar o sentido da atividade guerrilheira à luz da "pressão dos fatos" e do "horizonte político" pelo qual os guerrilheiros viam *a América Latina como ela é*.

Introdução

Muitas controvérsias e recriminações estão ligadas com os movimentos de guerrilha na América Latina. Todos os grupos ou classes de orientação conservadora não conseguem ver nesses movimentos mais do que uma ameaça às crenças cristãs, à vida humana e até à sobrevivência de um padrão civilizado de organização social. Avaliações equivalentes prevalecem no exterior, especialmente onde interesses encobertos e atitudes farisaicas escondem a luta pelo controle do chamado "Terceiro Mundo" por trás da máscara do humanitarismo. De outro lado, os círculos radicais e esquerdistas se acham divididos a respeito, uns condenando a guerrilha, outros vendo nela o único meio para chegar-se à liberação nacional e à revolução social. Entretanto, mesmo entre as pessoas identificadas com a guerrilha, existe campo para acusações, já que a avaliação da importância relativa da "guerrilha rural", da "guerrilha urbana" e das funções militares ou políticas da guerrilha na revolução popular armada é, em si mesma, uma área de polarização política e de embate ideológico. De um ponto de vista sociológico, essas controvérsias, recriminações e embates deveriam ser muito importantes para análise. Não estou, porém, preocupado com esse aspecto da realidade. Eles constituem parte de minha informação. Como sociólogo latino-americano, estou imerso no âmago do drama político que converteu a violência sistemática tanto em uma técnica de preservação do *status quo,* quanto em um meio usual de mudança política e de revolução social. A violência tornou-se uma *ultima ratio,* talvez porque, quando privilégios sociais *extremos* e iniquidades sociais *extremas* formam uma rotina, somente a violência pode reforçar os privilégios ou destruir as iniquidades. Não existe, como supunha Mannheim, um "terceiro" caminho ou uma "via pacífica". O "método de conciliação" possui uma longa tradição na América Latina; no entanto, essa tradição significa que os arranjos políticos sempre operam em benefício da violência "vinda de cima", organizada e imposta através do Estado e do poder político estatal.

Por isso, parece-me crucial considerar a guerrilha em termos da ordem política na qual ela adquire o caráter pleno e específico de contraviolência, que se orienta para a destruição de privilégios e iniquidades sociais extremos e, por paradoxal que pareça, para a pacificação crescente da sociedade. A ordem social burguesa falhou, nesse nível, porque a revolução burguesa ficou presa em interesses internos e externos ultraparticularistas, revelando-se incapaz de promover a integração nacional dos países latino-americanos. Perenemente submetida ao imperialismo, ela produziu uma revolução nacional abortada e nações semi-integradas – não desenvolvidas, subdesenvolvidas ou desenvolvidas de forma desigual – deixando os papéis históricos mais dinâmicos e criadores para novos agentes humanos e para novas forças sociais.

Depois da Revolução Cubana e da contribuição direta ou indireta dos movimentos de guerrilha para mudanças políticas substanciais em alguns países, seria um erro grosseiro ignorar ou subestimar a importância histórica da guerrilha, pelo menos nas áreas da América Latina que funcionaram ou funcionam como uma espécie de "barril de pólvora". Uma avaliação sociológica positiva, nesse caso, não tem nada em comum com o que se convencionou chamar de "intoxicação insurrecional". Em um período de confrontação violenta, a guerrilha torna-se mais do que uma linha divisória entre verdadeiros e falsos revolucionários. Ela é uma via que se abre para formas mais complexas de guerra revolucionária e, portanto, para uma nova sociedade.

Ordem política e contraviolência

1) Alguns *scholars* – tanto na América Latina, quanto na Europa e nos EUA – tomam como evidente que a ordem política predominante nos países latino-americanos adquiriu estruturas, funções e tendências evolutivas típicas da "democracia ocidental". O maior expoente dessa concepção é Gino Germani, que encaixou a formação e a evolução da Argentina em Buenos Aires e a de Buenos Aires nas grandes cidades da Itália industrializada. Daí resultou uma descrição política que salienta processos potenciais e toma como "história vivida" uma história que *seria possível* se tudo não se resumisse a uma sociedade civil demasiado pequena (para as proporções das respectivas Nações), muito egoísta (em termos de concentração da riqueza, dos privilégios e do poder) e excessivamente débil (em relação à dominação externa, tanto na época do imperialismo inerente ao capitalismo mercantil, quanto na era atual, do imperialismo nascido do capitalismo monopolista em sua forma mais recente). É claro que não se

pode pôr em questão que o padrão de civilização existente e mais ou menos vigente, em todos esses países, procede e encarna a "civilização ocidental moderna" (com seus valores básicos, com suas técnicas e instituições sociais, com suas redes ou ramificações de interesses etc.). Todavia, a América Latina não foi um foco, nem no passado recente nem no presente – e, portanto, também não o foi no período colonial – de elaboração original dessa civilização. Como outros continentes que passaram pelo estágio colonial – sob o *antigo sistema colonial* e, mais tarde, sob o *indirect rule* – ela sofreu, antes, um longo, profundo e típico processo de *ocidentalização*. As condições peculiares de exploração colonial e neocolonial da América Latina engendraram aí uma ocidentalização específica: a massa de espanhóis, portugueses e outros povos europeus fez com que a transplantação do padrão de civilização ocidental fosse mais maciça que em muitas outras partes. Além disso, uma boa parte do estilo de vida, dos costumes, das instituições, do legado jurídico-político e religioso se manteve em bloco, pela combinação e superposição de estruturas sociais diversas. A ordem estamental de origem europeia sofreu alterações decorrentes de sua articulação ao modo de produção escravista (com base no trabalho indígena ou africano) e a várias modalidades de trabalho forçado. No entanto, ela facilitou a preservação da herança sociocultural transplantada pelo menos nos estamentos altos e médios, ou seja, no pequeno ápice da sociedade colonial ou da sociedade pós-colonial. O que importa ressaltar é que tudo isso gerou um clima histórico próprio, no qual a *civilização ocidental* só podia ter validade plena para um limitado setor da sociedade, e o seu crescimento, por via interna ou através de acréscimos sucessivos, esbarrou em vários obstáculos mais ou menos fortes. A comunicação com a Europa era fácil e quase instantânea. Mas o que *podia ser europeu* era uma espécie de cutícula ou se confinava às superestruturas da vida mental, em choque perene com a realidade global de formas de produção que excluíam o grosso da população produtiva e explorada de qualquer veleidade de "europeização" ou de "ocidentalização". Tudo isso é muito elementar e conhecido. No entanto, é preciso lembrar esses aspectos contraditórios do mundo que o português e o espanhol "*criaram*". Nas cidades e em algumas vilas podiam funcionar e crescer focos ativos de "vida civilizada" (à europeia), mesmo que a base econômica, demográfica e institucional para tais dinamismos fossem demasiado estreitas, inconsistentes ou contraditórias. Nos confins, prevaleciam estilos mais ou menos rústicos de vida e de "ocidentalização" precária. Esse amplo contexto histórico acolheu e debilitou a emergência do Estado-Nação. Se essa realidade revela contingências especiais na península Ibérica, no cenário latino-americano a absorção e a expansão do Estado-Nação é ainda mais contingente. Como formas de produção e estruturas sociais montadas durante o período colonial mantiveram-se depois da Independência, por certo tempo (em certos países, quase meio século; em outros, mais que isso; em alguns chegando até hoje), o complexo institucional Estado-Nação praticamente se converteu num sistema especializado de exercício do arbítrio (de dominação econômica, social e política adaptada à existência, à defesa e ao fortalecimento de privilégios: sob o regime misto de castas e estamentos ou, em seguida, sob o regime de classes, uma minoria se apossou do complexo institucional Estado-Nação e utilizou-o para fins particularistas ultraegoísticos, na mais completa liberdade para reprimir e oprimir a maioria). Na medida em que pelo menos certos países se incorporaram ao mercado mundial através de um comércio dinâmico, as estruturas econômicas e sociais herdadas do período colonial se transformaram aos poucos e, por vezes, se esboroaram. Essa mudança, porém, foi relativamente lenta, parcial e cheia de peripécias. Em todos os países, pequenas minorias de privilegiados mantiveram-se aptas a preservar o complexo institucional do Estado-Nação para fins particularistas egoísticos, tornando muito difícil a gradual imposição de estruturas verdadeiramente coletivas e democrático-nacionais de poder. Mesmo quando a lei logrou prevalecer, ela exprimia a vontade coletiva de minorias, de estratos privilegiados dominantes, estrategicamente encastelados no comando da economia, da sociedade e do Estado. Essa dura realidade não é reconhecida pelos *scholars*, latino-americanos ou estrangeiros. A tendência predominante consiste em projetar a história da América Latina, nos vários tempos históricos de cada um dos povos, nos tempos históricos da evolução política da Europa avançada e dos EUA independente. Ora, não é difícil "fazer" e "fundamentar" tais projeções: ao nível das superestruturas mentais, vigentes idealmente ou apenas efetivas para os chamados "donos do poder", América Latina e Europa formam um todo cultural sincrônico. A civilização é a mesma, os dinamismos externos forçam a sua evolução nas direções prevalecentes na Europa e os dinamismos internos operam no mesmo sentido, ainda que os ritmos e a intensidade da mudança sejam variáveis de país para país. O que deixa patente uma coisa: quando se fala da "América Latina *ideal*" não existem brechas com referência ao predomínio e à eficácia da "civilização ocidental moderna". Quando se fala da "América Latina *real*" as dúvidas surgem, pois, de fato, a maioria é excluída por inércia, efeito estático ou pela violência imposta de cima para baixo. A "opinião pública" e a "vontade coletiva" existem, mas o consenso que as fundamenta e converte em história procede da minoria de privilegiados, que manipula ativamente o complexo institucional Estado-Nação. O que quer dizer que os "princípios igualitários" e a "democracia" exprimem a condição econômica, social, cultural e política dos *mais iguais* (ou, na fórmula mais simples, dos "donos do poder"). Estes não só puderam usar o Estado para substituir as Coroas; o complexo institucional Estado-Nação foi engenhosamente empregado para perverter, debilitar e bloquear o desenvolvimento da *democracia*. Executivo, Legislativo e Judiciário tornaram-se instrumentos do *governo arbitrário de minorias poderosas*, o que dissociou as formas de produção emergentes e suas formações sociais das funções históricas que elas *deveriam preencher* (pelo menos durante um lapso de tempo variável, relativamente longo para a maioria dos países). Esse governo arbitrário, que se arroga o caráter de uma variante "liberal" do regime representativo e de contrapesos, deu continuidade a formas absolutistas de controle estatal e impediu com êxito que a democracia restrita fosse de fato ameçada pelas pressões de "rebeldes esclarecidos", e, principalmente, das massas populares. As fórmulas jurídicas e políticas importadas da França e dos EUA nunca alteraram essa realidade básica, malgrado a impressão em contrário que se tem no plano da história constitucional, que põe muitos países da América Latina na vanguarda do "mundo civilizado".

2) Essa descrição pode ser vista como uma *"caricatura"* (frequentemente formulada pelos visitantes estrangeiros e por membros "ilustrados" das elites locais) ou como uma tentativa de reter o *antigo regime* latino-americano de uma perspectiva histórico-sistemática. O que se deve entender: 1°) o antigo regime, aqui, não lança raízes em um *mundo feudal* em modernização autossustentada e centrada na órbita histórica interna (ele é um mundo colonial, que se desintegra gradualmente, por forças estruturais e históricas que operam "a partir de fora" e "a partir de dentro", as quais, no processo de transformação, freiam ou diluem os ritmos da mudança); 2°) o antigo regime, por causa dos interesses conservadores predominantes "a partir de dentro" e por causa dos interesses neocoloniais e, mais tarde, imperialistas, predominantes "a partir de fora", mais se transfigura, metamorfoseia e se reconstitui do que se dissipa ou "desaparece historicamente";

esse ponto é crucial, pois a *"modernidade"* latino-americana nasce com uma Independência e um Estado-Nação que ligam indissoluvelmente passado, presente e futuro – a liquidação da Colônia como economia, sociedade e estilo de poder não se faz com a ruptura com as Metrópoles, mas mais tarde, e, ainda assim, em poucos países de modo completo. Perdeu-se muito tempo com interpretações que nasciam de paralelismos superficiais e incorretos, como a busca de um feudalismo. O que se devia ter feito, sociologicamente, é claro (é o inverso): esse colonialismo, de raízes tão profundas e de tão longa duração, deita raízes em modos de produção, formações sociais, tipos de dominação e de poder político, todos específicos do "mundo colonial" que os espanhóis e os portugueses *criaram*, sobre os ombros e com o sangue de populações nativas, africanas e mestiças. Como esse colonialismo se refaz ao longo do tempo, *depois* da Independência e da emergência ou mesmo da consolidação do Estado-Nação? Em suma, em que sentido a persistência e a redefinição desse colonialismo foi essencial – uma *conditio sine qua non* para se alcançar a modernidade que se tornou possível? E, portanto, como tal colonialismo se superpõe às realidades novas, sendo absorvido e reabsorvido sem cessar pelas estruturas e dinamismos novos, emergentes, que nasciam pelas correntes históricas que se desencadeavam "a partir de dentro" e "a partir de fora"? Tudo isso isola um horizonte cultural para a interpretação do antigo regime e para a compreensão de sua continuidade. A situação neocolonial (que se vincula à emergência do mercado especifi-camente moderno e à consolidação gradual do Estado-Nação) e, em seguida, a passagem para a situação de dependência (variável de um país a outro, mas delimitada pelo aparecimento do modo de produção capitalista nas grandes cidades e na agricultura comercial, de plantação, em regra, ou sob outras modalidades) se tornam possíveis porque o antigo regime persiste: o quanto de modernização e de salto para a frente é dado praticamente graças ao grau de persistência do antigo regime? *Os privilégios internos e externos logram manter-se, redefinir-se e prolongar-se sob outras formas.* Tomando-se o Brasil como ponto de referência (e ele não é o pior: em outros países os ritmos foram ainda mais lentos, embora na Argentina, por exemplo, eles tenham sido mais rápidos): o antigo regime não é condenado no primeiro quartel do século XIX. Ao contrário, ele atinge o apogeu pelos meados do século, para começar a sofrer uma crise estrutural em seu último quartel. Contudo, é de 1888-1889 a 1930 que se esboça a "era de colapso", em que ele desaparece como realidade histórica, embora continue a manter-se nas regiões mais isoladas, subdesenvolvidas e "retardadas" do país. O que significa que o antigo regime se "transformou" continuamente e que a modernidade possui feições próprias. Não se pode, portanto, como muitos pretendem, estabelecer paralelos rígidos entre o "velho" e o "novo" mundos. Cada um possui *a sua história*, apesar do padrão comum de civilização e das tendências substanciais de transformação convergentes, condicionadas por essa civilização. Na maioria das vezes, o que parece tornar esses dois mundos semelhantes, na verdade os separa e os torna bem distintos. Qual seria, de fato, a substância política de uma *monarquia constitucional* fundada sobre o regime de trabalho escravo? Ou, então, qual seria a substância política de um *presidencialismo* fundado no mais completo despotismo de algumas famílias tradicionais ou de oligarquias agrário-mercantis fechadas sobre si mesmas? O advento de fórmulas liberais e sua incorporação a cartas-constitucionais exemplares são episódios históricos, porém eles só contam a história de uma *sociedade civil* emergente, precária e autoconfinada. Através dessa sociedade civil e de seus dinamismos políticos não se evolui rapidamente da *democracia restrita* para uma *democracia de participação ampliada.* Ao contrário, essa sociedade civil arma-se politicamente (e também judicial, militar e policialmente) para impedir ou retardar tal evolução: para esse fim vai usar o Estado, posto a serviço da "minoria válida" e a muito custo (quer dizer, graças a circunstâncias ocasionais e com frequência cruentas) debilmente instrumental para a Nação como um todo.

3) Isso quer dizer que, do ponto de vista sociológico, deveria dar-se menos atenção ao Estado que ao *Povo* e à *Nação*. O Estado vem a ser o liame imediato entre os que mandavam na situação colonial, os que mandariam na situação neocolonial e os que iriam mandar na situação de dependência. Por ele e através dele se dá a continuidade das elites. Na medida em que o Povo "não tem voz" e em que a Nação não se constitui como categoria histórica, as elites mandam e comandam através do Estado, pouco importando o quanto elas próprias se renovam demográfica, econômica, social e culturalmente. Desse ângulo, não observamos e descrevemos uma *história*. Deparamos com *um longo e tormentoso pesadelo*, uma maioria lançada no limbo da história e impotente para afirmar-se como Povo e como Nação. Um bom historiador inglês diria que as coisas não foram nem tão diferentes nem tão rápidas na Europa. E chamaria a nossa atenção para as grandes transformações, ligadas à desintegração do regime misto de castas e estamentos, bem como à constituição, expansão e (em alguns países) quase universalização do regime de classes sociais. Tudo isso é óbvio. Se não ocorressem transformações, não haveria nenhuma espécie de *descolonização* (sequer ao nível dos "donos do poder"). Agora, o quanto tais transformações seriam *grandes* (mesmo na escala de países como a Argentina, o Brasil, México ou Venezuela)? A morfologia da sociedade se alterou; contudo, para se usar um conceito organicista e durkheimiano, sua "fisiologia" não se alterou de modo paralelo. O que os marxistas chamariam de transformação de quantidade em qualidade sofreu um impasse. O trabalho livre, a expansão das cidades, o desenvolvimento

da indústria, a mudança nos modos de produção, a forma mais recente de capitalismo, o capitalismo monopolista, configuram-se de acordo com os tempos históricos das Nações periféricas. Eles introduzem rachaduras na sociedade, as quais irão movimentar a história na direção dos privilégios, não na da democracia. Os "donos do poder", a partir de dentro e a partir de fora, possuem o mesmo interesse. Sufocar todo fermento revolucionário em seu nascedouro. Uma burguesia dependente não é só instrumental para com seus interesses conservadores "nacionais"; ela também é instrumental para com os interesses conservadores externos, "internacionais", ou seja, ela atua em permanente aliança com o imperialismo e dele recebe parte de sua força econômica, cultural e política. Na gloriosa "partilha do mundo", cabe-lhe o papel de feitoria. Comandará um Estado-feitor, voltado simultaneamente contra o Povo e contra a Nação, para impedir que alguma revolução democrático-nacional autêntica desmorone o seu monopólio do poder político-estatal. Por isso, as "transformações de estruturas" e as "transformações de ideologias" resvalam no vazio histórico. Quando parece que o radicalismo das classes médias e a insatisfação dos "círculos nacionalistas" da burguesia industrial irão oferecer à pressão operária e à revolta popular o compasso de uma *revolução democrática*, desenha-se uma nova modalidade de ditadura de classes (isto é, de despotismo dos privilegiados de dentro e de fora). O fermento revolucionário avança, por vezes ameaça a "oligarquia tradicional" e o "imperialismo", levando as fraturas da ordem tão longe que se chega a pensar em consolidação da classe operária, do movimento sindical independente e da democracia de participação ampliada. Em seguida, o ritmo periférico se faz sentir. A contrarrevolução destroça "todas as conquistas", garantindo a estabilidade da ordem tão vital para a "burguesia nacional", quanto para a "comunidade internacional de negócios". O que isso quer dizer? Algo muito claro para quem não pretenda se iludir com fórmulas válidas para o passado de alguns países adiantados da Europa e para os EUA. Sob o capitalismo dependente a burguesia não pode liderar a revolução *nacional* e *democrática*. Ela leva a alteração da ordem interna até certo ponto. Em seguida, terá de sufocar as pressões de baixo para cima, ou seja, deter ou mesmo corromper a *revolução nacional* e a *revolução democrática*. Além do limite histórico definido pela "estabilidade da ordem", qualquer socialização *nacional* e *democrática* do poder político e do Estado terá de significar, fatalmente, destruição da sociedade burguesa e transição para o socialismo. Nesse caso, o *limite* da revolução burguesa não aparece no plano econômico: ele surge no plano político. Sob o capitalismo dependente a revolução burguesa é um produto da articulação entre centro e periferia, em nome de uma confluência de interesses conservadores, internos e externos. Ultrapassado o limite em questão, essa "revolução burguesa em atraso" seria prejudicial ao desenvolvimento capitalista e ao controle burguês da sociedade, da dinâmica da cultura e do funcionamento do Estado. Ir além equivaleria a "provocar o diabo", isto é, "cutucar o Povo com vara curta", "despertar a Nação", desencadear uma "mudança incontrolável".

4) Por aqui nos aproximamos de um tema central. Por que os *divergentes* dispõem de alternativas tão pobres e tão fracas? Note-se: a localização social dos divergentes não é homogênea. O divergente pode estar no tope, pertencer aos círculos da elite das classes altas (como os chamados industriais-nacionalistas em uma fase recente da história do Brasil). O divergente pode pertencer ao "setor intermediário": o melhor exemplo até hoje pode ser evocado com o "radicalismo portenho", que não foi, afinal de contas, um fenômeno exclusivamente argentino (apareceu com menor impetuosidade em outros países da América Latina). O divergente pode também estar no "porão da sociedade". Se for

o operário, isto é, o trabalhador proletarizado, sindicalizado e politicizado, representará um perigo ou um quase-perigo. Se estiver na fronteira entre o *Lumpen* e o proletário organizado, nunca passará de uma massa de manobra (todavia, "muito perigosa", como o demonstram a história do México e de Cuba). Em ambos os casos, aí está a *massa* do campo e da cidade. Na melhor tradição latino-americana, a única divergência construtiva é a que fortalece a base de barganha e de poder dos privilegiados. Toda outra modalidade de divergência é perigosa e precisa ser ou evitada ou contornada. Do passado colonial aos nossos dias, a arte de lidar com a divergência compôs o sumo da sabedoria política dos "donos do poder". Nunca se pensou em ir tão longe quanto liquidar as raízes da divergência ou suprimir em massa os divergentes. Isso fica para casos extremos. O ideal está no meio-termo: castrar o divergente. Deixar que ele avance até um ponto no qual ou perca a liderança do processo (e, portanto, sua eficácia política) ou tenha de ceder ao adversário político o próprio campo de luta (e, portanto, condenar-se a perder a credibilidade política). Exemplos claros, com referência ao Brasil: como os conservadores deslocam os abolicionistas no momento mesmo da vitória destes últimos; ou como as ditas "forças nacionalistas" foram alijadas do controle do Estado em 1964. Muitos recusam-se a ler a história dessa maneira. O sociólogo, qualquer que seja sua falta de imaginação, não pode fazer isso. O que está em jogo são composições políticas entre forças sociais. Se a forma de produção capitalista, apesar de "tão avançada", tivesse dado certa vitalidade às classes trabalhadoras e às classes médias, essa "precariedade da história", para falar-se o menos, seria impossível e impensável. Estamos diante de um regime de classes em que o "tope" pode manipular o poder político para impedir que o resto da sociedade de classes alcance sua *"evolução natural"*. Se as classes trabalhadoras e, especialmente, o setor operário, tivesse atingido maior poder relativo, o radicalismo burguês, pelo menos, teria maior penetração e vitalidade. E as chamadas alianças de classes não girariam em torno de equívocos, às vezes bem-intencionados, outras vezes manipulados com vistas à catástrofe final da maioria. De um lado, o *reformismo* que desemboca na "paz social" dos poderosos e no controle estatal do sindicalismo. Ou seja, pressões de baixo para cima captadas por um populismo corrompido para servir à defesa conservadora ou ultraconservadora do *status quo*. De outro, um *revolucionarismo abstrato*, desvinculado da situação histórica, que aguça a crise sem estabelecer uma relação correta entre meios e fins: em regra, uma "revolução" vista acima das relações e conflitos de classe tende a culminar na vitória da contrarrevolução. Por uma razão e por outra, as pressões de baixo para cima são absorvidas e manipuladas pela *ordem*, unificando e multiplicando o poder real de opressão e de repressão das forças contrarrevolucionárias, com sua capacidade de passar rapidamente de uma "ditadura de direito" para uma "ditadura de fato". Estas reflexões são estratégicas. Elas mostram como, em uma sociedade de classes dependente, amparada no poder de dissuasão e de contenção do imperialismo, o compasso da dança gira em torno da *defesa da ordem* (mascarada sob o "ideal de defesa da democracia e da civilização cristã"). Por sua longa experiência, as elites das classes dominantes sabem até aonde devem ir e o que *não devem ceder*. Para elas, toda revolução que não termine dentro da ordem, mesmo que se vincule ao capitalismo, ao desenvolvimentismo de tipo burguês e ao mais autêntico "idealismo liberal", abre-se para o insondável. Ameaça deixar a sociedade à mercê das massas, das pressões de baixo para cima, ao sabor das "forças da anarquia" e da "desordem". O que equaciona politicamente o *tolerável*: mesmo a modernização controlada, a partir do exterior e a partir de cima (ou seja, a modernização controlada pelas potências capitalistas e pelo "Estado nacional"), e mesmo a *reforma necessária* para a expansão do capitalismo devem ser levadas a cabo sem riscos reais (e mantendo-se os riscos potenciais sob estrito controle). Há uma teoria contrarrevolucionária plenamente constituída e continuamente revista, à luz da experiência. Ela não só seleciona a mudança política. Também dita o comportamento político das forças sociais contrarrevolucionárias. A isso se contrapôs a ingenuidade política revolucionária ou das *alianças de classes* ou de um ultra-esquerdismo puro mas ineficiente, que pretendia partir da mobilização imediata do *Povo* – "o Povo no poder!" – como se a justiça de uma causa garantisse a sua vitória. Hoje vemos os "governos autoritários" cobrindo o mapa da América Latina e esquecemos de perguntar por que isso foi possível. Sob o capitalismo dependente fabricou-se socialmente uma "evolução histórica" que não é fatal. Não obstante, para entendê-la e lutar ativamente contra ela temos de imitar os russos e os chineses. Isto é, temos de começar interrogando qual é a teoria revolucionária que poderá dirigir a revolução social em países que possuem uma formação econômica, social e política como a que acabamos de descrever. Países nos quais o regime de classes se adaptou ao avanço do capitalismo sob o perecimento da democracia. Nos quais a *democracia burguesa* se interrompeu ou no limiar da democracia restrita ou na corrupção da democracia de participação ampliada.

5) Esta conclusão é básica para a presente análise. Ela nos põe diante de dois processos correlatos. De um lado, a emergência e a consolidação, com amplo e aberto apoio no "mundo ocidental", de novas formas de coerção organizada e institucionalizada, baseadas na violência como um mecanismo normal de defesa da ordem, de sua estabilidade e do crescimento do capitalismo (sob controle de forças oligárquicas e plutocráticas). De outro, a manutenção de todo um complexo de instituições legais e políticas, aparentemente em plena atividade, porém como mera *fachada*, um meio de simular a existência da "democracia" e o

propósito de defendê-la ou aperfeiçoá-la. Na prática, porém, o que se procura é impedir a livre expansão da *democracia burguesa*, em condições concretas nas quais ela levaria a um novo circuito da história. Primeiro, à presença do Povo na história, com voz política. Segundo, à consolidação da Nação como realidade política. Essa transformação não ameaçaria a democracia. Todavia, ela destruiria a *falsa democracia burguesa* imperante na América Latina. O que temos a reter, por via dessa conclusão: a via pacífica não leva a nada, a curto prazo, e promete muito pouco, a largo prazo. Daí o esmagamento da democracia de participação ampliada, em toda a parte, quer onde ela se consolidara (como na Argentina), quer onde ela despontava (como no Brasil). A violência organizada e institucionalizada não previa a defesa da democracia e da civilização cristã. Ela pretendia, ao revés, impedir uma forma eficaz de regime democrático intermediário e apelar para o fanatismo religioso contra a civilização. Em suma, a contrarrevolução demonstrou, por sua linguagem e por sua ação, que não existe um "nacionalismo burguês" como força social liberadora. Para ocorrer, a liberação nacional tem de tornar-se antiburquesa, anti-imperialista e anticapitalista. A alternativa para a violência das minorias estaria na contraviolência revolucionária, em um socialismo revolucionário "*made in Latin America*".

A guerrilha como uma força política
1) Como uma força política, a guerrilha não pode evitar as inconsistências e os efeitos retroativos da ordem política à qual ela se opõe. É certo que a própria fonte de estabilidade política da ordem social existente – a violência organizada e institucionalizada, aplicada de modo sistemático (embora com intensidade e alcance destrutivo variáveis) – confere aos movimentos guerrilheiros uma alta potencialidade política. Eles surgem como uma espécie de centelha, que pode transformar-se facilmente, se as condições

se tornarem favoráveis, em um incêndio incontrolável. Como a pressão de baixo para cima apesar de invisível constitui um imenso reservatório de pólvora, à espera de combustão, sempre que se forme um contexto de desobediência civil e que este evolua a ponto de configurar-se através de conflitos de classes abertos, tanto o poder destrutivo quanto o poder construtivo de tais movimentos podem tornar-se rapidamente consideráveis (há vários exemplos clássicos, mas a revolução mexicana praticamente define um padrão). Guevara percebeu muito bem essa realidade. Como escreveu:

> Quando as forças da opressão só se mantêm no poder contra a lei estabelecida, a paz já é considerada rompida. Nessas condições, o descontentamento popular exprime-se pelas formas mais ativas. Uma atitude de resistência cristaliza-se finalmente na irrupção da luta, a qual inicialmente é provocada pele conduta das autoridades (*Guerrilla Warfare*. Penguin Books, 1969, p. 14).

Vale a pena insistir em sua caracterização. Guevara não pretende extrair o movimento guerrilheiro do *vácuo político*. A guerrilha exige um espaço político próprio, digamos um "clima de guerra civil". Eis o pensamento de Guevara:

> Quando o governo chega ao poder através de alguma forma de voto popular, fraudulento ou não, e preserva pelo menos uma aparência de legalidade constitucional, a irrupção da guerrilha não pode ser promovida, pois as possibilidades de luta pacífica ainda não se acham esgotadas" (*idem*).

De outro lado, um governo ditatorial pode dispor de meios para recorrer à opressão policial-militar extensiva e intensiva, reduzindo o espaço político dos movimentos guerrilheiros. Nos dias que correm, essa é a situação que prevalece em vários países da América Latina, nos quais muitos setores das classes possuidoras, os EUA e várias nações capitalistas dão "cobertura legal" a ditaduras descritas eufemisticamente como "regimes autoritários". Em consequência, o que deveria ser um "Estado de exceção" surge como um "governo providencial" e a ditadura imposta, civil ou militar, conta com alta flexibilidade política e pode, mesmo, mobilizar formas complexas de contrainsurgência com *apoio externo*, anulando a guerrilha em dois planos simultâneos, o militar e o político. "Che" apenas repetia lições aprendidas com Engels, Marx, Lenin, Mao Tse-tung e Giap? É preciso não esquecer o que é "a guerra de guerrilhas". Como afirmou Fidel Castro, em um discurso famoso (de 18 de outubro de 1967), ela "é uma guerra do povo, quer dizer: uma luta de massas. E pretender fazê-la sem apoio da população é caminhar em direção a um inevitável desastre." Reflexões dessa natureza deslocam a atenção, do ângulo militar para a organização da sociedade, a história, as relações de classe e a força potencial das classes trabalhadoras e despossuídas. Qual seria, no cenário da maioria dos países latino-americanos, o *poder político real* e o *potencial de luta guerrilheira real* da grande maioria oprimida e esbulhada? Por mais romântica e ultrarrevolucionária que seja a nossa visão do mundo, na América Latina a guerrilha não passa de uma arma dos fracos, daqueles que não têm por si nem a propriedade, nem o direito, nem o Estado. E tudo isso em tais condições, que ela é permanentemente enfraquecida por dois inimigos crônicos – um conformismo continuamente alimentado pelas instituições-chaves das classes possuidoras e um reformismo oportunista, que não é instrumental para o combate à miséria, à ignorância e à exploração, já que é manipulado pelas mesmas classes possuidoras através daquelas instituições-chaves. A chamada "identificação com o sistema" não representa apenas uma compulsão conservadora e reacionária. Os "esquerdistas" e suas vanguardas com frequência destroem ou obstruem como podem a capacidade de luta das massas. Começam temendo que elas "despertem" de uma letargia mais ou menos condicionada e mais ou menos imposta; e terminam com o pavor de perder suas "posições de liderança", mecanismos de adaptação e de cooptação pelos quais a verbiagem revolucionária ou "populista" lhes garante certos requisitos de prestígio social e certo poder de barganha. Nesse sentido, uma esquerda pró-capitalista e fundamentalmente *burguesa* fomenta um radicalismo (e, por vezes, mesmo um ultrarradicalismo) que cumpre a função histórica de excluir as massas populares da história e, alternativamente, de reduzir a eficácia revolucionária das massas. Portanto, a falta de uma linha genuinamente revolucionária dos movimentos "de esquerda" ou a debilidade da vocação revolucionária dos *"revolucionários"* engendra o que Lenin descreveria como uma típica infecção pequeno-burguesa do sindicalismo, do socialismo, do comunismo etc., que paralisa toda e qualquer irradiação das pressões de baixo para cima. Quase sempre se culpam as classes possuidoras e seus governos ditatoriais pela ineficácia ou inexistência do protesto popular. Para ser completo, esse quadro requer um complemento. A volúpia da "luta inteligente", a confiança cega na desagregação automática das "estruturas", um facciosismo provinciano e primário, palavras de ordem infelizes por seu caráter *apaziguador* e antirrevolucionário, a supervalorização de alianças de classe corrosivas, que enfraquecem as classes trabalhadoras e ampliam a sua impotência etc., convertem a própria *"esquerda"* numa temível barreira à mobilização política e militar dos operários, dos camponeses e da imensa legião de trabalhadores semilivres. Sob certos aspectos, especialmente nos saltos da história que decorrem das "grandes crises", esse fascínio e comércio da *conciliação como estratégia política* (*sic*!), são obstáculos tão arrasadores quanto a repressão dos governos ditatoriais.

2) Em teoria, a guerrilha como força política tem (ou deveria ter) potencialidades intrínsecas para interagir e superar os referidos tipos de inconsistências e de obstáculos. O raciocínio abstrato pressupõe que, ao tornar-se uma *necessidade política*, a guerrilha entraria em interação dialética com a ordem política em que

eclodisse e se expandisse. Ou a ordem política desenvolveria novas potencialidades de mudança estrutural, absorvendo e neutralizando as tensões que ficam na base da eclosão dos movimentos guerrilheiros; ou a própria guerrilha tenderia a crescer e a espalhar-se, disseminando um estado de espírito revolucionário e abrindo caminho pela contraviolência à criação de uma nova ordem política (nesse caso, as condições negativas apontadas acima serviriam como aceleradores, intensificando o tempo revolucionário da rebelião armada das massas). Por aí, tanto fatores dinâmicos conservadores e contrarrevolucionários, quanto fatores dinâmicos renovadores e revolucionários fariam sentir o seu peso seja na oscilação da ordem política existente, seja na gravitação da guerrilha. Se as tendências à preservação da ordem pudessem alcançar um dinamismo criador, as classes possuidoras bateriam a guerrilha no terreno político; ao revés, se as tendências à desagregação da ordem revelassem uma sintonia profunda com a guerrilha, esta iniciaria uma época histórica peculiar. De fato, essas cogitações encontram pontos de referência. Pelo menos no Peru, as forças armadas aprenderam alguma coisa a respeito da "lógica política" da guerrilha e houve um tímido avanço em busca de uma aceleração da revolução nacional [no fim, o processo esmoreceu e, ao que parece, as lições estão sendo esquecidas].[1] Em Cuba, por sua vez, em condições pré-revolucionárias em que o elemento guerra civil era mais pró-capitalista que anticapitalista, a guerrilha completou o circuito militar com êxito, instalou os revolucionários no controle do Estado e engendrou o início de uma transformação revolucionária da ordem política. No entanto, esses paralelos em vez de favorecerem a reflexão abstrata, revelam a incerteza dos fatos. De um extremo a outro – fica patente que a guerrilha

---

[1] Afirmação agregada ao texto original.

se converteu em força histórica e que uma sociedade retrógrada enfrenta dificuldades crescentes para fazer face ao risco seja de uma guerrilha com simpatia popular, seja de uma guerrilha com suporte de massa. A autodefesa interna revela-se insuficiente às classes conservadoras; elas têm de apelar para os aliados externos e suas forças militares e paramilitares de contrainsurgência. Todavia, *in concreto*, o que ganha o centro do palco é a qualidade do agente humano envolvido coletivamente na ação revolucionária guerrilheira. Não há um determinismo modelar e fatal que separe o *momentum* da guerrilha de suas realizações ou fracassos. Mesmo esse *momentum* pode se desvanecer sem deixar nada positivo atrás de si. Nesse plano, somente Cuba oferece um estudo de caso revelador.[2] A socialização política através da luta armada e o contato com o Povo – especialmente com os setores mais pobres das populações rurais – criaram uma consciência negadora total. Ao tomar o poder e o controle do Estado, as fórmulas revolucionárias ideais e mesmo um partido revolucionário organizado estavam em embrião. Mas, sabia-se o que não deveria repetir-se, o que se deveria destruir e por onde começar uma política revolucionária, não de "mobilização política da massa", porém de *governo em nome de e para a maioria*. Coragem, organização, heroísmo não levaram ao mesmo desfecho em outras situações. Ainda assim, onde as guerrilhas malograram, ou relativamente ou completa e redondamente, elas provocaram "efeitos construtivos" imediatos e retardados. O próprio "medo das massas" não deixa de ser um elemento criativo, malgrado as consequências nefastas que tiveram na disseminação e fortalecimento da contrarrevolução. Em países nos quais se dava como sacramentados a estabilidade política com base no "esclarecimen-

---

[2] Veja-se, a respeito, um livro recente do autor. [Trata-se de: *Da guerrilha ao socialismo: a Revolução Cubana*.]

to (armado) das elites" e o desprezo total pelas massas populares, essa reviravolta tem um significado político considerável. Ao desfazer-se a convulsão contrarrevolucionária, tão fortalecida pelos EUA, pela Europa capitalista e pelo Japão, o avanço gradual da ascensão das massas vai ser muito mais rápido! Não é só uma questão de "imitar Cuba". Algo se aprendeu a respeito do uso da violência, da contraviolência e da relação entre revolução e contrarrevolução, ao nível de uma experiência que expôs amplos setores das classes trabalhadoras, das "populações pobres" e dos "setores marginalizados" a um novo tipo de frustração política e de esperanças realistas. Vários fatos que ocorreram no Uruguai, na Argentina, no Chile, na Venezuela, na Colômbia etc., e que não vêm ao caso discutir agora, comprovam essa afirmação. O Povo, categoria histórica ambígua e falsa no passado, negação do que afirmava (pois a elite se representava como "Povo"), colocou-se como o elo intermediário entre a Nação e o Estado. E isso fora e acima do "radicalismo burguês", do "nacionalismo desenvolvimentista", do "reformismo desinteressado" etc. Como puro *movimento histórico*, que percorre com maior ou menor intensidade *todos* os países da América Latina, por mais amordaçados e tiranizados que estejam os operários, os camponeses, os "setores marginais" etc. Além disso, a simples existência dos movimentos guerrilheiros tem ocasionado duas consequências políticas construtivas (do ponto de vista da chamada "rebelião das massas"). Primeiro, mesmo onde eles foram muito localizados e rapidamente batidos (como sucedeu no Brasil), eles contribuíram para intensificar a polarização política dos conflitos sociais com dois efeitos paralelos em tensão: à rigidez da ordem política existente corresponde, para baixo, a consolidação de um processo elementar de "ranger de dentes", que torna a estabilidade política imposta *manu militari* uma estabilidade política explosiva. Segundo, a radicalização dos não conformistas, visíveis ou não como "radicais" ou "esquerdistas" (de que é uma ilustração ideal o *padre armado* e o calvário de Camilo Torres), que irá revelar seus dividendos políticos à medida em que as "ditaduras salvadoras" se desvanecerem. Será mais difícil, daqui para a frente, a confusão semântica e política de uma "esquerda" instrumental apenas para a burguesia, o controle burguês do Estado e o desenvolvimento capitalista. Por fim, há o próprio progresso da guerrilha como instrumento de ação revolucionário. Esse é um capítulo no qual não me sinto competente para opinar. No entanto, deixando-se de lado as questões clássicas (esclarecidas pela experiência acumulada através da revolução bolchevique, da revolução chinesa ou da revolução vietnamita), é evidente que os movimentos guerrilheiros aclimataram o pensamento socialista revolucionário às condições históricas concretas da América Latina (algo que o sindicalismo e os partidos de esquerda nem sempre fizeram tão bem). Cuba marca o apogeu da "teoria do foco" e, o que é mais importante, de uma revolução que teve uma erupção polar, indo do campo para a cidade e o resto do país. "Depois de Cuba", as burguesias armadas da América Latina, amparadas nos processos e técnicas de contrainsurgência organizados e mantidos a partir de fora, exigiram uma ampla renovação. O polo pode ser deslocado para a cidade e ser visto como o ponto de apoio militar e político para atingir-se o elo mais débil posteriormente (veja-se C. Núñez – *Tupamaros: vanguardia armada en el Uruguay*); ou, então, pode-se pensar numa articulação entre cidade e campo como um fator de compensação política e militar à inexistência de um forte partido revolucionário e de uma ampla movimentação espontânea das massas (de J. Petras – *Revolution and guerrilla movements in Latin America: Venezuela, Guatemala, Colombia and Peru* e A. de Carvalho – *La mobilisation populaire et l'unité d'action au Brésil*). Não há dúvida que a evolução da guerrilha não impediu, até agora, a vitória e a consolidação da contrarrevolução. Nem ela poderia fazê-lo. Os que culpam tão unilateral e fanaticamente os movimentos guerrilheiros deveriam aprofundar e estender as suas análises, para incluir nelas o que não foi dito sobre o fenômeno negligenciado: a ausência de uma evolução antiga e consistente de um pensamento socialista revolucionário na América Latina, que adaptasse a prática política dos partidos e movimentos socialistas a uma teoria revolucionária. A continuidade dessa história tão recente e tão cheia de ensinamentos nos mostra que os movimentos guerrilheiros assinalaram o mapa da América Latina com bandeiras de rebelião ativa e com núcleos militantes de esperança revolucionária. Tendo-se em vista que se vive uma *fase sombria*, de saliência do terrorismo burguês e de predominância do Estado capitalista autocrático, de vitória da incorporação e do imperialismo, isso não é de somenos. Já que mostra que se vive e se luta por alguma coisa e contra alguma coisa nesses confins: o socialismo nascente é regado por sangue latino-americano, não por clichês importados.

3) Engels foi o primeiro que observou a dificuldade de usar a luta armada contra o *terrorismo burguês*. As razões que ele invocou continuam válidas: o Estado capitalista converteu-se numa formidável fortaleza e dispõe de múltiplos recursos para enfrentar e esmagar as forças da revolução popular. Pode-se dizer que o aparecimento das Nações socialistas simplificou alguns aspectos da difusão da tecnologia militar mais avançada pelos movimentos guerrilheiros do "Terceiro Mundo"; ao mesmo tempo, melhoraram as técnicas pelas quais a guerrilha se *moderniza* à custa dos governos que combatem ou dos governos estrangeiros, seus aliados. No conjunto, porém, as antigas reflexões de Engels preservam todo o seu valor e seria lícito afirmar, sem desmerecer o significado histórico da guerrilha, que ela foi apenas uma das pequenas engrenagens das *grandes revoluções* do

século XX. Esse é um assunto demasiado técnico para a minha competência e também para o presente debate. Não obstante, em termos do contexto histórico dos países da América Latina nos quais o *terrorismo burguês* se organiza e é desfechado através do Estado "constitucional" e "representativo", existem algumas funções construtivas notórias que a guerrilha preencheu no imediato pós-Segunda Guerra Mundial e durante a década de 1960. Essas funções não são *universais*; e elas não tiveram *consequências análogas* nos diversos países. É útil recapitulá-las por causa da tendência a denegrir ou a repudiar a "utilidade revolucionária" da guerrilha. Assim como não é verdadeiro que a guerrilha pudesse, por si mesma, gerar "novas Cubas", tampouco corresponde à verdade que ela tenha sido sempre "negativa" e servido muito mais à reação e à contrarrevolução que ao movimento socialista. O fundamental continua a ser a criação, a expansão e a irradiação desse movimento, caminho que leva a partidos revolucionários organizados e à mobilização revolucionária das massas populares. Enquanto esse processo não progride – ou progride muito pouco, em zigue-zague – a guerrilha vem a ser o único equivalente psicológico, militar e político da presença insurrecional das massas. Essa é, porventura, a função maior da guerrilha. Ela quebra a estagnação, a capitulação sem luta ou a cooptação como "linha tática" global. A essa função maior seria possível agregar quatro funções suplementares, embora a importância política que elas logram alcançar varie de acordo com o país que se considere. Primeiro, ela põe na ordem do dia a contraviolência, procurando implantá-la de forma organizada e com "capacidade de crescer". Mesmo que ela tenha somente um pequeno suporte popular ou apenas seja um equivalente da contraviolência dos oprimidos, essa é uma função que fala por si mesma: se não detém o terrorismo de elites privilegiadas, sugere que a história está virando as suas páginas e prometendo capítulos novo. Segundo, a guerrilha representa uma inflexão localizada, pela qual se passa do "radicalismo ideológico militante", isto é, da *verbiagem revolucionária*, para a ação político-militar revolucionária. Por pequenos – e, inclusive, por "elitistas" – que sejam os grupos guerrilheiros, essa é uma transformação histórica. Os *filhos* das "grandes famílias" ou das "famílias gradas" absorvem o ódio das massas e dos oprimidos; ao fazer isso, dão forma histórica a esse ódio e quebram a unidade dos "donos do poder", de suas oposições fictícias e do profissionalismo "limpo" da mão armada de seus governos. Terceiro, a guerrilha traz consigo uma nova versão do que é a *liberação nacional* na América Latina presa à internacionalização do mercado, da produção capitalista e das estruturas de poder da burguesia. Na verdade, ela parte do duplo desmascaramento do Estado e da Nação, mas é em torno do eixo popular que emerge uma nova ideia de Nação independente, libertária e anti-imperialista. Quarto, a passagem do socialismo retórico, do radicalismo burguês e do humanitarismo cristão, menos que utópicos no contexto histórico da América Latina, para o socialismo revolucionário *tout court*. Nem a *crítica radical* nem a "crítica nacionalista" da realidade. Mas uma adaptação do socialismo científico às condições concretas da insurreição das massas, a partir do núcleo que pode exprimi-las nos planos político e militar. Estas duas últimas funções foram vistas de uma ótica deformada pelas burocracias sindicais e políticas, que monopolizaram o socialismo adaptativo que vem operando, reiteradamente, como uma ultra-esquerda da consciência burguesa liberal. Todavia, há razões para essas e outras confusões. Porém, se se toma o exemplo da evolução do socialismo na Rússia: o extremismo da "violência explosiva" e do "espontaneísmo revolucionário" abre um ciclo de ação direta, de reflexão negadora da ordem e de construção da teoria revolucionária exigida pela situação. A questão está em avançar em linha reta e em fazer a crítica construtiva, que tome a si a tarefa de reelaborar uma experiência prática e teórica banhada em sangue, dos "heróis da libertação do Povo" e das suas vítimas, os "algozes da ordem estabelecida", os agentes da violência desalmada dos poderosos. Essa evolução ainda não foi percorrida. A guerrilha rasgou novos horizontes. O que não impede que eles se mantenham inexplorados. Pois o "radicalismo abstrato" e a "esquerda oficial" preferem cultivar ou o imobilismo político com a cooptação sistemática ou o jogo de paciência com a esperança de que "um dia a casa cai".

As perspectivas atuais da guerrilha na América Latina

1) As opiniões sobre as perspectivas da guerrilha na América Latina são contraditórias. Os círculos "militares e conservadores dos países capitalistas centrais e dos governos ditatoriais locais temem a guerrilha e veem nela um risco frequentemente exagerado. Por isso, procuram manipulá-la na estratégia da contrarrevolução e para justificar formas de repressão descabidas e desumanas. Todavia, o que nos interessa são os militantes das "forças radicais" e dos "movimentos socialistas". Aí, prevalece uma compreensível confusão. A tradição burocrática das elites políticas da "esquerda" é responsável por um forte viés antiguerrilha. Essas elites acompanharam muito mal a história da revolução bolchevique, da revolução chinesa e da revolução vietnamita. Nem mesmo acompanharam com a devida seriedade a história da "revolução interrompida" do México e da revolução cubana. Se tivessem feito isso, veriam que suas posições, para dizer o menos, eram puramente quixotescas no combate sem tréguas à guerrilha. O que deveriam fazer, ao contrário, era ter trabalhado para o surgimento de condições mais favoráveis à organização da luta de classes, de partidos socialistas revolucionários e de verdadeiros movimentos de massas. Então alcançariam um patamar dentro do qual poderiam entender o *significado político* e a *necessidade*

militar da guerrilha. Todavia, não cabe ao sociólogo criar a realidade... O que nos restringe, queiramos ou não, a formular um registro de opiniões e opções divergentes, que traduzem as modalidades de envolvimento dos militantes "radicais", de "esquerda" e revolucionários na apreciação da guerrilha. Duas amostras situam posições típicas de representantes respeitáveis do movimento socialista. Fidel Castro, por exemplo, afirma: "(...) nas condições do nosso continente será muito difícil suprimir o papel da guerrilha" (*in* I. L. Horowitz. J. de Castro e J. Gerassi – *Latin american radicalism*, p. 551). J. Abelardo Ramos, por sua vez, pontifica:

> Nem a luta de barricada nem a guerra de guerrilha é possível nas cidades modernas sob as condições existentes (...). Se as massas camponesas argentinas são um dos mais sólidos pilares da agricultura capitalista e o bastião da propriedade privada na Argentina, de onde tirará a sua força o exército camponês que Guevara planeja?" (*in* L. Aguilar – *Marxism in Latin America*, p. 191).

Cabe ao sociólogo apenas reconhecer que a história decidirá ...

2) Esse contraste de opiniões exige uma retomada do assunto debatido acima, embora de outro ângulo. Poderíamos dizer, em face de tal contraste, que existem duas categorias de revolucionários, e que uma seria a *verdadeira*, a outra *falsa*? Isso nos submeteria ao maniqueísmo das forças de repressão e do pensamento contrarrevolucionário. Seria recomendável aceitar uma ideia simples: diante da situação predominante na maioria dos países da América Latina, há dois níveis distintos de reflexão política *contra a ordem existente*. Um, que se concentra sobre uma realidade inexorável. Outro, que busca os caminhos viáveis (embora muito difíceis) da "liberação nacional" e da "revolução socialista". Até o momento em que vivemos, a ordem social e política não se transformou o bastante para que os movimentos de guerrilha pudessem ser avaliados correta e instrumentalmente.

Eles são vistos, mesmo pelos que os utilizam, como "uma necessidade histórica dolorosa". Ora, a própria revolução burguesa foi uma necessidade histórica dolorosa (da perspectiva do *ancien régime*); e o mesmo se poderia dizer da revolução socialista, em função da concepção burguesa do mundo. A questão fundamental consiste em situar, *localizar, dimensionar* tal necessidade histórica dolorosa. Primeiro, a violência que vem de cima e em nome do "humanismo da ordem" é menos dolorosa? Segundo, todos os países da América Latina precisam passar pelo mesmo tratamento e no mesmo instante? Seria preciso voltar a Marx ou a Lenin para verificar qual deve ser a atitude de um socialista diante da "transformação capitalista" e descobrir se a história está morta ou em plena ebulição. O uso da violência – no caso: especificamente da contraviolência – é uma matéria política. O que opor a um Duvalier, a um Batista ou a um Somoza? O que opor às composições civil-militares que levaram a Estados ditatoriais implacáveis (ditos "regimes autoritários" *técnicos* ou *modernizantes* pelos cientistas políticos norte-americanos)? Na verdade, um dogmatismo pró-guerrilha seria tão ruinoso para a "liberação nacional" e o avanço do socialismo quanto a violência cega e rígida desses regimes ditatoriais. A guerrilha não é um fim em si e para si. Ela só tem sentido e é uma necessidade histórica – *dolorosa mas criadora* – onde a crise de tais regimes e das sociedades que os engendra permite colocar um paradeiro à longa noite de terror que começou com a chegada dos *conquistadores*, espanhóis ou portugueses.

3) O que se pretende dizer? O que é óbvio. A exigência número um não nos leva, necessariamente, a ter de iniciar movimentos de guerrilha em toda a parte, como se a América Latina fosse o picadeiro de um circo. O que se pode inferir do pensamento guerrilheiro responsável, que é uma formulação da teoria socialista revolucionária? O primeiro requisito consiste em indagar

se existem possibilidades de mudança política em determinado país e como explorá-las, especialmente se regimes ditatoriais "tradicionais" ou "modernos" levantam contra os governos o rancor da população e suscitam uma crise irreversível no seio das classes dominantes (e nas relações de dominação com as classes trabalhadoras e exploradas). Portanto, o enigma central não está em saber se é possível "começar a ação guerrilheira". Ele é outro. Ter certeza de que a ação guerrilheira aprofundará a crise imanente à existência de tais ditaduras e das contrarrevoluções que elas encarnam. Enfim, possuir alguma previsão sobre a evolução de uma revolução burguesa atrasada, reforçada e acelerada pela dominação externa e pelo imperialismo. Nesse caso, a guerrilha apenas começa como um ato isolado (ou de "desespero heroico", como querem alguns). Ela visa, de fato, à transição para formas mais amplas de ação revolucionária, que não podem medrar e crescer sob regimes ditatoriais de várias espécies, protegidos pela força de contrainsurgência das grandes potências capitalistas. O suporte de massa existe: ele é como uma centelha. Basta criar a oportunidade, que ele aparece e se tornará uma avalancha. De outro lado, a transformação de um estado de revolta popular potencial em um estado de revolta popular atuante e visível não depende só da guerrilha. Mas, dos processos políticos que ela ajudará a desencadear, de início de modo relativamente modesto. Esses aspectos são bem conhecidos, infelizmente, a ponto de servirem de base para a atuação dos serviços externos de contrainsurgência (embora não sensibilizassem, como deviam, os movimentos "revolucionários" das esquerdas). Onde a guerrilha *falhou*, onde ela não conseguiu despertar comunicação política com as massas, revolta popular e emergência de outras formas de ação revolucionária, o processo voltou à estaca zero e a contrarrevolução, com seus governos mais ou menos ditatoriais, cobrou o seu preço. A guerrilha se viu condenada ao fracasso e à destruição naquele contexto e naquele momento – não para sempre e como técnica de uso da contraviolência. Temos de abandonar as circularidades do "radicalismo adaptativo" e do "revolucionarismo compensatório". Eles explicam tudo por condições externas da economia, da sociedade e do Estado, para sacramentar ou o desenvolvimento gradual dentro da *ordem* ou o advento fatal de uma democracia que nunca seria criada pelo Povo e para o Povo. Desde que surgiu, a guerrilha escapou dessa circularidade e desses exercícios intelectuais. Ela apareceu como uma *força política real* que desafiou, ao mesmo tempo, ditaduras disfarçadas ou abertas e seus protetores externos. O problema está, na capacidade que ela poderá ter de enfrentar esses dois inimigos tão poderosos, que atuam unidos e com força multiplicada. Ao nascer dessa forma, ela deu um testemunho de fraqueza. Pois não dispunha de espaço político para lograr seu uso especializado – entre o grande partido revolucionário e um Exército do Povo. Portanto, ela representou uma inversão circunstancial, mas, olhando-se a América Latina como um todo, não se poderia afirmar que ela foi inoperante ou uma *força zero*. Nem é preciso lembrar Cuba para fazer-se essa afirmação. Se as forças da contrarrevolução "apodrecerem" o bastante para permitir o alargamento do espaço político da contestação contra a ordem; ou se a presença direta das massas crescer por via própria de modo incontrolável – tudo isso não anulará o que a guerrilha representou em um contexto histórico verdadeiramente trágico. Significará, ao contrário, que a revolução burguesa em atraso se viu estilhaçada, liberando forças políticas que poderão reduzir a guerrilha às suas proporções normais e empregá-la com maior eficácia militar e revolucionária.

REFLEXÕES SOBRE AS "REVOLUÇÕES INTERROMPIDAS" (UMA ROTAÇÃO DE PERSPECTIVAS)[1]

O assunto das revoluções que são "paralisadas" ou "frustradas" voltou à ordem do dia. Historiadores e sociólogos retomam os filões de uma reflexão que deita suas raízes no século passado, embora as explicações sejam outras e, por vezes, combinem a inquietação política, a insatisfação social e o refinamento teórico – como sucede com as contribuições de Orlando Fals Borda,[2] que vêm, de várias formas, focalizando o tema ao longo de sua carreira, em termos da evolução histórica da Colômbia ou da situação global da América Latina. A historiografia marxista também se liga a esse debate teórico. Ao que parece, o empreendimento mais ambicioso coube a Adolfo Gilly,[3] que recorre à teoria da revolução permanente para descrever e explicar a "interrupção" do processo revolucionário no México. Ao lado de Cuba, o México teve a oportunidade histórica de uma situação revolucionária de duas vertentes, uma "burguesa" e outra "proletária". Ao contrário de Cuba, no México a revolução foi interrompida em um patamar burguês. O mérito da interpretação de Gilly é que ele não apela para o conceito de

---

[1] Trabalho escrito em fevereiro de 1981, para compor o presente volume.

[2] Orlando Fals Borda, *La subversión en Colombia. Visión del cambio social en la historia*. Bogotá, Departamento de Sociologia da UN e Ediciones Tercer Mundo, 1967; *Las revoluciones inconclusas en América Latina. 1809-1968*. México, 1968.

[3] Adolfo Gilly, *La revolución interrumpida. México, 1910-1920: una guerra campesina por la tierra y el poder*. México, Ediciones "El Caballito", 1971.

institucionalização da revolução: o fluxo foi interrompido mas poderá renascer e crescer de outra forma histórica. A contraprova da precisão de seu diagnóstico é fornecida por Cuba, onde a situação revolucionária global desatou forças sociais e políticas que levaram mais a fundo a desagregação da ordem existente e mais longe a reconstrução da economia, da sociedade e do Estado.

Não pretendo, nesta breve incursão, realizar um balanço bibliográfico e, tampouco, marcar o que se logrou descobrir, em vários países da América Latina, através da "investigação científica engajada". É surpreendente o quanto se avançou, dos fins da década de 1940 em diante, em uma obra consistente de *revisão* da explicação na história, que não se "unificou" à luz de uma teoria, mas levou a resultados francamente convergentes e reforçou de modo considerável uma linha de trabalho intelectual que teve seus grandes pioneiros em José Carlos Mariátegui, Caio Prado Júnior e Sérgio Bagu. O meu objetivo é mais limitado. Ele consiste em indagar aonde poderia levar a *transformação capitalista* em países que não romperam por completo com formas coloniais de exploração do trabalho e nos quais as classes dominantes se tornaram *burguesas* através e atrás do desenvolvimento do capitalismo. Na luta interna para a submissão das classes subalternas – que não eram propriamente classes, mas estamentos e castas – elas lutavam por converter formas coloniais de propriedade em formas capitalistas de propriedade e de apropriação social. O seu êxito engendrou uma transformação capitalista peculiar, que não pode ser esclarecida em função da desagregação do mundo feudal na Europa. A história não se "repetiu" porque não havia razão para que ela se repetisse. Tratava-se de *uma outra história*, a história do capitalismo nos países de origem colonial.

Há, aqui, dois temas prévios que não devem ser subestimados. Um diz respeito ao abuso de categorias históricas e, outro, aos paralelos com a evolução dos EUA. Tanto a "tradição liberal" quanto a "tradição marxista" fomentam abusos evidentes no emprego de categorias históricas. Não me proponho discutir um tema tão amplo e complexo nestas anotações. Apenas gostaria de dizer aos que se consideram marxistas que, se pretendem "imitar Marx", que o façam com grandeza científica. Lembrem que ele (e Engels igualmente) não trabalhava com puras abstrações. Lembrem-se principalmente do cruzamento concreto entre determinações gerais e determinações particulares, pelo qual o *todo* da análise materialista-dialética não comporta nem simplificação conceitual, nem redução empírica, nem abstração pulverizadora. Lembrem que as explicações contidas em *O capital* não são o "outro lado" nem se contrapõem às explicações contidas em *As lutas de classes na França* ou em *O 18 Brumário*. O mesmo método de construção empírica e de explicação lógica está presente em todos esses trabalhos e não se é "marxista" pela metade, tirando um pouco daqui e um pouco dali, conforme as conveniências do ensaísta. É fácil transferir ideias – mas não se pode transferir a transformação do real. Se uma classe atingiu ou não o seu desenvolvimento completo e a sua forma pura; se existem ou não condições para que a burguesia (ou uma fração da burguesia) possa realizar isto ou aquilo. Em suma, ser marxista não é uma questão de "mania filosófica" e não se pode, com esse fundamento, projetar sobre o *real dado* categorias abstratas ou dinamismos históricos para os quais ele "pode tender" (ou "deveria corresponder") se a periferia do mundo capitalista fosse uma mera repetição do espaço central. Por sua vez, os EUA também possuem uma origem colonial. Porém, desde sua formação como colônia neles se constituíram dois universos históricos distintos, vinculados entre si pelo destino colonial mas opostos de forma diferente à situação colonial, à metrópole e à dominação do capital. Por isso, quando se deu a ruptura com a metrópole, um dos universos serviu de base a uma autêntica autonomização nacionalizadora do desenvolvimento capitalista. Essa condição não ocorreu no resto das Américas e seria fantasioso supor que o desenvolvimento capitalista gera por si mesmo automatismos de classe que levem, mais cedo ou mais tarde, as classes burguesas a certas compulsões autonomistas e imperialistas. No resto das Américas o capital mercantil ficou preso a certas órbitas históricas e isso é decisivo para estabelecer determinadas evoluções típicas do "capitalismo colonial" para o "capitalismo neocolonial" e para o "capitalismo dependente". As burguesias que surgiram graças a essas evoluções – das quais elas também foram agentes históricos – tiveram "sonhos de grandeza", mas eles nunca possuíram os conteúdos e as dimensões dos que alimentaram a "utopia capitalista" dos *pais fundadores* da República do Norte.

A "interrupção das revoluções" apresenta-se como um fenômeno político repetitivo. Com frequência, poder-se-ia dizer, o que entra em jogo é o próprio aborto da revolução burguesa. A base econômica e social do desenvolvimento capitalista faz com que, na grande maioria dos países da América Latina, os estratos burgueses sejam muito débeis, em porte e em capacidade de decisão. Em síntese, as "condições objetivas" da transformação capitalista são demasiado fracas e descontínuas para alimentar saltos constantes em suas "condições subjetivas". A busca das "vantagens do pequeno número" sofre uma erosão destrutiva, em termos da *mentalidade capitalista*, compelindo a burguesia, coletivamente, a privilegiar suas relações com o mercado mundial, a fortalecer unilateralmente sua *posição de poder* e a evitar riscos que podem ser transferidos para os "parceiros externos" e para a coletividade, pela mediação do mercado externo, da dominação paternalista ou do Estado. Como consequência, o período de transição neocolonial é muito prolongado, na maioria dos países, e neles o Estado capitalista constitui uma *feitoria ampliada*, pela qual verdadeiras burguesias compradoras utilizam o monopólio do poder político como elemento de barganha nas transações mercantis com o exterior. Nos poucos países em que isso não acontece, por sua vez, as classes burguesas segregam mais ou menos (às vezes quase completamente) o Estado da Nação, tomando através do primeiro decisões políticas em nome desta: o que provoca uma extrema exacerbação do elemento político inerente ao capitalismo e retira da transformação capitalista, em escala variável, o potencial de pressão das classes trabalhadoras. Por isso, de uma perspectiva externa superficial, tudo "parece igual" ou "cinzento" na América Latina e a mudança social progressiva – mesmo a que surge de situações revolucionárias – parece um "fator de reforço" do *status quo* sobre as "revoluções interrompidas".

Um painel desses corre o risco de ser entendido como "caricatural" e, ao mesmo tempo, como "muito severo". Ele é ambas as coisas mas nem por isso menos verdadeiro... A caricatura reproduz os traços típicos mais essenciais do objeto representado e depois de 40 anos de experiência concreta como sociólogo cheguei à conclusão de que somente o máximo de severidade faculta ao observador um mínimo de objetividade. O dilema, para mim, não é esse; ele está no número de temas que seria preciso enfrentar para proceder-se a uma avaliação correta do significado sociológico e político das "revoluções interrompidas". Começa que elas não são "interrompidas" para os estratos mais privilegiados das classes dominantes (incluindo-se nestas os parceiros externos envolvidos e os interesses imperiais das respectivas nações). O circuito da revolução é interrompido no patamar a partir do qual os seus dividendos seriam compartilhados seja com os "menos iguais" das classes dominantes, seja com "os de baixo". A interrupção só fica evidente por meio de um artifício comparativo: o que sucedeu em outros casos análogos nos países centrais e o que aconteceria *se...* De fato, o raio dessas revoluções é tão pequeno que seria uma "anomalia" que elas transcorressem de outra maneira. Daí provém o meu dilema: se quisesse enfrentar o assunto a sério teria de escrever um livro, não um pequeno artigo, tal é o número de questões não resolvidas ou mal resolvidas que deveria enfrentar. Por exemplo: o período colonial parece muito distante, o "passado remoto"; no entanto, ele está vivo e atuante, não só na América Latina. Tome-se o grau de desumanização da pessoa como ponto de referência. Como explicar a Ku Klux Klan nos EUA a não ser através da persistência de uma desumanização da pessoa de porte e de padrão coloniais? O "negro" não é mais o "inimigo público da ordem" da época escravista e do período de transição para o trabalho livre. Não obstante, a segurança dos "brancos" exige que semelhante *resíduo colonial* se reconstitua e se reproduza em novas condições de vida. Outro exemplo: a passagem do estamento e da casta para a classe, mais ou menos definida pelo menos nos países que possuem um mercado interno extenso, um setor urbano-comercial consolidado (ou "dinâmico") e algum potencial industrializador florescente. Os que não seguem o exemplo de Marx e Engels e da tradição sociológica europeia sequer se colocam esse problema. Todavia, a desagregação da ordem colonial não se deu da mesma forma em toda a parte e, quase como regra, o período de transição neocolonial (onde ele não se estabilizou) conferiu um fluxo mais forte às formas econômicas e sociais coloniais. Era "normal", pois então surgiram as condições históricas que possibilitavam, antes do colapso, o florescimento de tais formas econômicas e sociais. Um último exemplo: o caráter restrito ou meramente "político" de tais revoluções. Elas se encerram no vértice da sociedade e, dentro desse vértice, enquanto o regime de classes sociais não estivesse expandido, em função do grau e da forma do desenvolvimento capitalista, os conflitos dos estamentos dominantes teriam de resolver-se por composição (às vezes por composição regulada, como era o poder moderador no Brasil) dos "mais iguais". Para que ocorresse o contrário seria preciso que a sociedade civil se encontrasse mais diferenciada e que "os de baixo" tivessem alguma voz política institucionalizada. As revoluções "meramente políticas" possuíam, portanto, uma natureza íntima que refletia a organização da economia, da sociedade e do poder. Como percorrer aqui todos esses temas (e outros, igualmente importantes, que não foram mencionados)? Todo escrito implica uma cumplicidade entre o autor e o leitor. Achei justo definir os termos dessa cumplicidade. Através de uma excursão sumária por certos temas estratégicos, *o leitor que conclua*, não importa se a favor ou contra os meus argumentos, *qual será a sua rota de entendimento do assunto*. Não vejo muita dificuldade em selecionar os temas estratégicos. Parece-me que são quatro: o problema da descolonização; os limites da "transformação capitalista"; as lições de Cuba; quem aproveita as contradições na luta de classes?

Constitui uma tradição afirmar que a órbita colonial se extinguiu. Quando muito, admite-se que alguns vestígios ficaram nos países "mais pobres" e "mais atrasados" da América Latina. Nos outros, que não são muitos, tais questões só apareceriam em "certos tipos de conduta" (como o mandonismo) ou com referência a "certas condições de vida" localizadas (por exemplo, entre indígenas ou nas "populações carentes"). Nunca se coloca a questão central: o que entra no circuito da descolonização quando ela é obra histórica das elites econômicas e militares dos estamentos dominantes? E o que é condenado a ficar permanentemente fora da descolonização para que as classes burguesas emergentes possam controlar a mudança social progressiva e não arriscar tanto a sua supremacia social, quanto o seu monopólio do poder político?

Também vem a ser uma tradição estabelecer-se um paralelo tácito entre a transformação capitalista corrente (ou possível sob o capitalismo neocolonial e o capitalismo dependente) e a que ocorreu em alguns países da Europa e nos EUA. Mesmo sem pôr em xeque esse paralelo – que nunca deveria ser convertido em um modo de ver a história a partir de um "palácio de espelhos" – existem regras de investigação precisas que exigem que se considerem, pelo menos, diferenças relacionadas com a *"forma do desenvolvimento capitalista"* e com o *"grau* do desenvolvimento capitalista".* Um desenvolvimento capitalista satelitizado não lança na arena política uma "burguesia conquistadora": um desenvolvimento capitalista com baixa industrialização ou com uma industrialização maciça incipiente não conta de imediato com um "proletariado independente". Os elementos "objetivos" e "subjetivos" da transformação capitalista impõem, pois, um equacionamento histórico objetivo.

A Revolução Cubana "corta" o passado do presente. Ela não só se erige em um marco histórico, um "divisor de águas" – ela evidencia que a negação do passado se introduz como *corrente histórica* no processo civilizatório da América Latina. O que representa essa revolução como o contrário das revoluções interrompidas? Por que, dentro dos marcos do capitalismo, os estamentos dominantes primeiro e as classes dominantes depois não puderam ir além da mudança social progressiva, fechada pelo egoísmo dos donos do poder ou confinada ao universo dos "mais iguais entre os iguais"? Toda verdadeira revolução gera padrões próprios de mudança social e permite que se refaça o entendimento do passado recente e remoto. Por que não se explorou essas duas dimensões com referência a Cuba, que modifica, ao mesmo tempo, a qualidade da história e a qualidade da consciência histórica na América Latina?

Por fim, não é só uma tradição mas um lugar-comum falar-se que as contradições sociais dinamizam a luta de classes e são uma espécie de parteira do futuro ideal. Ora, isso não passa de verbiagem vazia e de mecanicismo barato. As contradições refletem a forma e o grau do desenvolvimento do capitalismo, da relação recíproca de classes sociais antagônicas. Na tradição marxista o certo seria perguntar se as classes trabalhadoras possuem ou não condições objetivas e subjetivas para travar em nome próprio e em seu proveito a luta de classes. O que fazer para pôr termo às revoluções "interrompidas" do passado remoto, do passado recente e do presente? Nas relações antagônicas de classes não é a *justiça social* nem o critério de equidade dos proletários que determinam *quem explorará estrategicamente* as contradições percebidas e dinamizadas através de conflitos *reais ou simulados*. Temos de enterrar o lugar-comum em questão e orientar o pensamento sociológico contestador na direção oposta, a única que pode ajudar "os de baixo" a tomarem consciência das situações revolucionárias emergentes e a lutarem pelo aprofundamento da revolução, dentro da ordem ou contra ela.

Esta introdução poderá parecer impertinente ou, quando menos, excessiva para as proporções do trabalho. Não é esse o meu pensamento. No fundo, não temos quatro subtemas mas quatro problemáticas, que se unem pelo arco implícito revolução--e-contrarrevolução das classes burguesas e estabilização repressiva-e-revolução das classes trabalhadoras. O essencial, quando se pensa na reflexão política do leitor, é que esse arco seja evidenciado e comande o seu próprio curso de imaginação política contestadora. O que eu possa dizer é secundário diante daquilo que o leitor possa representar-se por sua conta e risco. Sem pretender condicionar essa colaboração criadora, senti a necessidade de marcar bem as linhas negativas de tradições culturais e sufocantes e que passam, apesar disso, por "científicas" e "estimulantes". O meu desejo íntimo é que o leitor me ultrapasse ou, pelo menos, possua uma base sólida para compartilhar a minha convicção de que todas essas tradições devem ser enterradas, juntamente com o padrão histórico das "revoluções interrompidas". Pouco importa que o texto subsequente esteja aquém do que deveria ser feito. Importa muito mais saber que as alternâncias de "conciliação" e "reforma" traduzem o impasse crônico tanto do capitalismo neocolonial, quanto do capitalismo dependente. Para destruir o impasse é preciso explodir com a conciliação e com a reforma, como "algo que vem de cima" e "só fica lá em cima"!

O problema da descolonização

A orientação predominante, nas classes privilegiadas da América Latina, consiste em confundir a desagregação do antigo regime colonial com a descolonização como processo histórico-social. Com isso, procede-se a uma mistificação que se desenrola em grau maior ou menor em todos os países, mas é principalmente acentuada nos vários países que ainda se acham no período de transição neocolonial. A desmistificação tem sido feita, em termos científicos, através da teoria do colonialismo interno; no plano da luta de classes e da oposição política articulada, ela aparece sob as bandeiras do combate ao "feudalismo", às estruturas arcaicas da produção e, principalmente, do anti--imperialismo. Alguma coisa é melhor que nada! No entanto, a teoria do colonialismo interno concede uma vantagem estratégica às classes dominantes: ela negligencia demais a necessidade de uma investigação rigorosa das formas de estratificação engrenada ao capitalismo neocolonial e ao capitalismo dependente; e põe em segundo plano a luta de classes propriamente dita, concentrando o impacto sobre os efeitos construtivos da mudança social espontânea, do desenvolvimentismo e, em particular, da secularização e da racionalização inerentes à expansão do urbanismo e do industrialismo. Portanto, naquilo em que ela é uma teoria crítica, ela se polariza como uma manifestação intelectual do radicalismo burguês e do nacionalismo reformista. O combate político aos resíduos feudais ou ao feudalismo persistente e ao imperialismo tem um caráter de ruptura mais pronunciado. De fato, ele se vincula a uma tentativa de vanguardas da esquerda de tomar pé na dinamização das transformações dentro da ordem vinculadas à revolução burguesa (essas transformações foram descritas na Europa como "revoluções" e são elas que marcam o *avanço* da revolução burguesa: a revolução agrária, a revolução urbana, a revolução industrial, a revolução nacional e a revolução democrática). Em termos táticos, a tentativa para no patamar dos conflitos no seio das classes dominantes: jogar frações da burguesia, estruturadas na produção latifundiária e no setor de exportação ou inseridas na dominação externa, contra as frações estruturadas na expansão do mercado interno e da indústria. Em consequência, ela não contribuiu para adequar a teoria das classes sociais e da luta de classes às condições concretas dos países em situação neocolonial ou de capitalismo dependente; e contribuiu muito mal para colocar as reivindicações dos trabalhadores do campo e da cidade numa linguagem especificamente socialista e revolucionária. Também desaguou, portanto, na órbita do reformismo burguês, embora não se possa subestimar sua importância quanto à mobilização política de setores da população pobre e trabalhadora sistematicamente excluídos da cultura cívica e da sociedade civil, bem como para a impregnação nacionalista e radical-democrática de alguns setores das classes médias ou mesmo das classes altas.

O que é grave é que o *problema da descolonização* não foi e continua a não ser colocado como e enquanto tal. Ele é diluído e pulverizado, como se não existisse e, substantivamente, o que importasse fossem apenas as debilidades congênitas do capitalismo neocolonial e do capitalismo dependente. Sombart demonstrou que o capitalismo pode transformar-se, esgotando épocas bem marcadas, mantendo não obstante espaço histórico e econômico para a sobrevivência e a revitalização de formas superadas de

REFLEXÕES SOBRE AS "REVOLUÇÕES INTERROMPIDAS" (UMA ROTAÇÃO DE PERSPECTIVAS)

produção e de troca. Poder-se-ia pensar, a partir dos países centrais, que esses seriam "nichos" de formas arcaicas ou obsoletas de capitalismo, funcionais para os arranjos modernos e mais avançados do desenvolvimento capitalista. Esse raciocínio não se aplica do mesmo modo à periferia, principalmente aos países que se acham em situações neocoloniais específicas ou aos que, estando em situações de capitalismo dependente, não recebem das economias centrais fortes dinamismos de crescimento econômico ou não podem compatibilizar tais dinamismos com o crescimento do mercado interno. Aí a descolonização constitui uma categoria histórica mascarada pela dominação burguesa (tanto a *nacional,* quanto a *imperialista*: ambas possuem interesses convergentes em criar ilusões ou mitos sociais). Em vez de um ataque abstrato ao colonialismo interno, aos elementos feudais parciais ou globais e ao imperialismo, convinha dar ênfase à descolonização que não se realiza (nem pode realizar-se) sob o capitalismo neocolonial e sob o capitalismo dependente. Esse é o busílis da questão. Levar a descolonização às últimas consequências é uma bandeira de luta análoga à revolução nacional e à revolução democrática – e essa reivindicação teria de ser feita em termos socialistas, ainda que com vistas à "aceleração da revolução burguesa". Parece patente que a descolonização não pode ser contida nesses limites e que, na ação prática, em vez de acelerar a revolução burguesa ela fomenta a "desestabilização" e a evolução de situações revolucionárias até pontos críticos. Contudo, na periferia o socialismo possui essa função de calibrar os dinamismos revolucionários da ordem existente pelos problemas e dilemas sociais que as burguesias não tentaram enfrentar e resolver, *por não ser do seu interesse de classe* nas formas de desenvolvimento capitalista inerentes ao semicolonialismo e à dependência.

O ponto crucial da questão, no que respeita a países nos quais a vanguarda interna da luta contra o colonialismo era recrutada nos estratos mais privilegiados dos estamentos dominantes, vem a ser que estes estamentos e suas elites não possuíam interesse algum em revolucionar as estruturas sociais e econômicas vigentes – e, quanto às estruturas legais e políticas, só queriam modificá--las revolucionariamente de forma localizada: a independência perante a metrópole, de um lado, e a plenitude política de sua hegemonia social no plano interno, de outro. Já tentei explicar esse processo como uma forma de autonomização política dos estamentos senhoriais e de integração da dominação estamental em escala nacional, com referência ao Brasil. Em outros países da América Latina as "lutas pela independência" e pela criação do Estado "nacional" se desenrolou em condições históricas diferentes mas *estruturalmente homóloga*. A independência que se criava era a dos estamentos privilegiados e o Estado nacional independente nascia antes da Nação, como expressão da vontade coletiva e dos interesses de dominação econômica, social e política da *gente válida*, ou seja, como uma maneira de organizar a voz política dos donos de fato do poder e de dar continuidade às estruturas de produção e de exportação montadas previamente. O que significa que havia uma reciprocidade fundamental na situação de interesses dos estamentos privilegiados e das nações centrais que substituíam Espanha ou Portugal a partir da dominação externa. Dessa reciprocidade procedia o marco que a dominação externa assumia como dominação indireta, independente de estruturas legais e políticas de dominação, e como *dominação semicolonial*, que iria transformar-se gradualmente, em função dos ritmos e da duração do período de transição neocolonial.

Duas coisas merecem relevo nesta breve exposição. Primeiro, era do interesse primordial dos estamentos privilegiados e dos seus parceiros externos manter as formas de produção existentes e explorá-las com maior intensidade, onde isso fosse possível. Antes de promover a substituição de certas técnicas de produção e das

REFLEXÕES SOBRE AS "REVOLUÇÕES INTERROMPIDAS" (UMA ROTAÇÃO DE PERSPECTIVAS)

formas de trabalho pré-existentes, o arranjo do período de transição buscava criar o espaço histórico necessário para que aquelas técnicas e aquelas formas de trabalho *pudessem render mais*, isto é, *produzir*, se possível, *um excedente econômico maior*. Portanto, as formas tipicamente *coloniais* não estavam condenadas ao desaparecimento e à superação. Ao contrário, elas deviam funcionar como o fundamento material da transformação do capitalismo colonial em capitalismo neocolonial (o que envolvia uma diferença notável quanto à reorganização do mercado, a retenção de alíquotas da riqueza "nacional" que não deviam mais ser repartidas com a Coroa e, dentro do complexo econômico colonial, a transferência de técnicas e instituições sociais novas, bem como a montagem do "setor novo" da economia, que deveria satelitizar o padrão neocolonial de crescimento econômico). Trata-se, como se vê, de um giro na transformação do capital mercantil, que devia preencher funções antigas dentro de condições históricas novas e crescer no sentido de saturar novas funções econômicas, nascidas da incorporação direta das economias latino-americanas ao mercado mundial e do envolvimento dos estamentos senhoriais e intermediários na nova teia de negócios, aberta pelo "setor novo" (em alguns países em crescimento mais ou menos rápido). Tudo isso quer dizer só uma coisa: o anticolonialismo dos estratos privilegiados só era intenso e fervoroso em um ponto, o da conquista da condição legal e política de donos do poder. Nos demais pontos, os interesses *mais avançados e profundos* exigiam O CONGELAMENTO DA DESCOLONIZAÇÃO. Congelar a descolonização constituía um pré-requisito estrutural e dinâmico não só da "defesa da ordem", do "combate à anarquia", da "preservação da propriedade" etc.; esse era o requisito número um da nova articulação entre os estamentos senhoriais e os estamentos intermediários em ascensão potencial com os centros de dominação econômica externa, ou seja, literalmente, do padrão neocolonial de crescimento do capitalismo. Por isso, a *gente válida* lançou--se tanto contra as manifestacões de inconformismo da plebe, quanto contra o idealismo nacional-libertador dos expoentes civis e militares das lutas pela independência.

A outra coisa que precisa ser posta em relevo preliminarmente refere-se ao fulcro da solução política encontrada para o financiamento desse padrão de desenvolvimento capitalista. Como se diz hoje, os "custos" deveriam ser descarregados nos agentes diretos ou indiretos, centrais ou marginais das formas de produção e de trabalho pré-existentes. Os economistas usam uma linguagem ambígua: falam em "modelo agrário-exportador" e com isso deixam na penumbra a espoliação real, feita de modo desigual pelos agentes do capital mercantil interno (do campo e da cidade) e externo. Esse modelo seria impraticável se os custos operacionais fossem, de fato, fixados pelos "mecanismos do mercado". Os que entravam no mercado e tinham o privilégio de chamar-se *agentes produtivos* também possuíam o privilégio econômico, social e político de excluir os verdadeiros agentes da produção (escravos, libertos, trabalhadores semilivres) do próprio mercado. Como diria Max Weber, estes não passavam pelo mercado, não se classificando, portanto, através do mercado e não contando, em consequência, social e politicamente. O "cálculo econômico racional", intrínseco a essa mentalidade capitalista, forjava uma espoliação global, equivalente à espoliação colonial e fundada em formas de propriedade coloniais, que só seriam abolidas legalmente com relutância e socialmente encontrariam continuidade infinita (embora em alguns países o processo tenha sido relativamente rápido, no plano legal pelo menos). Os ritmos mais rápidos acabaram dependendo da expansão e da vitalidade do mercado, pelo menos com relação a certas cidades satelitizadoras mais importantes (como é célebre o caso de Buenos Aires), mas sem afetar o duplo caráter do novo padrão emergente e em consolidação de desenvolvimento econômico: subordinado, aos centros estratégicos da economia mundial e praticamente extorsivo quanto à massa da população pobre e trabalhadora, independentemente de sua condição civil formal. Essa situação histórica, descrita muito sumariamente, é tão decisiva para a "América Latina moderna" quanto o período formativo colonial. De fato, nela se forjam uma persistente tendência estrutural, descrita pelos cientistas sociais, eufemisticamente, como sendo de "espoliação do campo pela cidade" e uma forte tendência histórica ao aviltamento do trabalho e do trabalhador. A primeira tendência não desapareceu, nos países em que a transição neocolonial não foi prolongada ou ultraprolongada, com a implantação do capitalismo dependente. Ao contrário, o crescimento do mercado interno, a expansão das cidades e de suas funções urbano-comerciais, a industrialização e o próprio crescimento do aparato do Estado e a diferenciação de suas funções extrapolíticas (especialmente as econômicas) dependeram fortemente do congelamento da descolonização. A questão tem sido colocada em termos de conversão do excedente econômico dos empresários agrários em investimentos no setor urbano-comercial e na industrialização ou dos baixos custos do trabalho urbano-comercial e industrial possibilitados pelo "subdesenvolvimento do campo" (principalmente quando se traduzem os preços dos alimentos básicos em custo do trabalho). Mas o "subdesenvolvimento do campo" não constitui uma realidade histórica universal e homogênea. Ele não afetou os estamentos senhoriais, nem prejudicou a transformação da aristocracia agrária em burguesia rural, nem excluiu (no passado e no presente) a legião de intermediários (que especulam ultralucrativamente com os produtos primários) da sociedade civil. Ela desabou unilateralmente sobre o homem pobre do campo, convertido em trabalhador semilivre de modo permanente. Do setor rural não vem uma resistência política articulada à reprodução indefinida dessa tendência por um motivo muito simples. Os que são diretamente privilegiados pelo congelamento da descolonização têm mais interesse em defender a continuidade do *status quo* do que em combater os prejuízos conjunturais que possam resultar da variação de sua posição no rateio da massa de mais-valia (ou de excedente econômico, se se quiser descrever o processo dessa maneira) pelas classes burguesas. Os que são indiretamente privilegiados, como os comerciantes, os industriais ou os banqueiros, sabem que o país não pode "financiar o seu desenvolvimento" de outra maneira... Os economistas usam uma linguagem discreta e podem falar em transferência de custos quanto à industrialização, por exemplo, do setor urbano para o setor rural. Na realidade, o capitalismo neocolonial tanto quanto o capitalismo dependente exigem a partilha desigual, que converte o deserdado da terra em um novo pária social.

A tendência ao aviltamento do trabalho e do trabalhador poderia ser corrigida pela incorporação das lides rurais ao mercado ou, indiretamente, pela expulsão de uma grande massa de trabalho do setor rural para o setor urbano. Essas variações não ocorreram nos países em que a situação neocolonial se prolongou indefinidamente e se apresentaram de modo débil nos países que lograram absorver as transformações inerentes ao capitalismo dependente. Só tardiamente, nestes países, a universalização do mercado de trabalho atingiu o campo, ainda assim de modo parcial e deformado, já que sempre persistia, de algum modo, o "resíduo colonial" na esfera do trabalho agrário. É óbvio que o principal efeito dessa tendência histórica afeta a massa dos trabalhadores agrários, excluídos do mercado ou passando pelo mercado de modo assistemático: à exclusão econômica parcial ou total corresponde a exclusão de todos os direitos e garantias sociais típicas da sociedade burguesa. Portanto, o que se equaciona é a exclusão da possibilidade de organizar-se como *classe em si*, de um desenvolvimento como classe independente e da capacidade legal ou de fato para a luta de classes. Essa é a base morfológica não só da desumanização da pessoa do trabalhador agrário, mas também do emprego sistemático de técnicas sociais paternalistas, legais ou policial-militares, destinadas a converter a exclusão parcial ou total em capitulação passiva e em apatia provocada e dirigida a partir de cima. A dualidade ética, assim infiltrada nas relações de dominação, exclui "os de baixo" da condição de membro do *"nosso grupo"*, metamorfoseando-os em inimigos reais ou potenciais da ordem e em gente que "precisa da coerção" para "viver dentro da linha". Além disso, os efeitos indiretos são igualmente calamitosos. De um lado, essa massa de população pobre constitui o viveiro interior do recrutamento do trabalho livre. Ao se proletarizarem, os componentes dessa população encaram a proletarização como "promoção social" (e ela é, de fato, uma promoção, pois envolve a classificação dentro da ordem, a curto ou a médio prazos). Esses candidatos rústicos ao trabalho livre estão prontos para aceitar as piores manipulações repressivas e precisam passar por um treinamento e uma socialização complexos para adquirirem a natureza humana e a concepção do mundo do *trabalhador livre* como categoria histórica. De outro lado, a exclusão parcial ou total e a apatia provocada retiram o grosso da população dos conflitos mais ou menos estratégicos nas relações das classes assalariadas com as classes burguesas. Aquelas deixam de ter um ponto de apoio estrutural nos confrontos com os donos do poder na fábrica, nos bairros, nos sindicatos, nas demonstrações públicas. Qualquer que seja o inconformismo do povo, ele não se converte em força política e não fortalece o poder de pressão das classes operárias, que ficam isoladas. Ou, então, a falta de alternativas do proletariado urbano-industrial joga-o nos braços da demagogia de estratos pseudopopulistas, completando-se, desse modo, o circuito do esmagamento do homem pobre do campo e da cidade. Pode parecer que as tintas do quadro descrito são demasiado sombrias. Na verdade, esse quadro cabe por inteiro aos países que se encontram em uma situação neocolonial e, na quase totalidade, aos países em que o capitalismo dependente conta com um mercado interno de baixo dinamismo e com uma industrialização incipiente ou intersticial. Ainda assim, a facilidade com que a contrarrevolução burguesa levou à implantação de ditaduras militares, a um Estado autocrático-burguês de contornos bem definidos e a uma maior imperialização das economias latino-americanas mais avançadas atesta que o quadro vale mesmo nos antigos baluartes do radicalismo burguês, como a Argentina, o Uruguai ou o Chile. Esse quadro é importante para se colocar a "interrupção" da revolução burguesa em seu lugar: as "reformas tipicamente burguesas" são reversíveis ou um jogo de aparências. Tome-se a reforma agrária no México: as oscilações e os recuos teriam sido impossíveis se os camponeses e as populações indígenas dispusessem de meios organizados de luta de classes. As classes burguesas não teriam como *anular* as reformas ou as transformações no campo, tomando com uma das mãos o que haviam sido obrigadas a dar com a outra. Em suma, não teriam a "liberdade" para congelar o espaço histórico ou para manipular ao bel-prazer o espaço político. Ou tome-se o paradigma atual da democracia burguesa: o que a riqueza da Venezuela representa para as classes subalternas e destituídas? Por onde passam as *reformas tipicamente burguesas* nesse país, depois que o petróleo garantiu um novo tipo de afluência às classes burguesas? O exemplo mais dramático, porém, é o do Chile. Vi os camponeses descerem em massa dos trens, em Concepción, marchar organizadamente pela cidade e criar um frêmito coletivo de esperança no futuro. Em seguida, o arco foi vergado a partir da contrarrevolução burguesa e da contrainsurgência das nações capitalistas centrais, comandadas pelos EUA. O que essas situações históricas indicam senão que o desenvolvimento desigual e combinado, em dadas circunstâncias, pode favorecer o polo que breca a história e conduz o processo político para trás? Sem libertar as massas rurais da servidão disfarçada e os trabalhadores agrários da condição real de trabalhadores semilivres, o regime de classes sociais não tem como *funcionar normalmente e construtivamente*, porque não é o desenvolvimento capitalista, por si mesmo, que fomenta a "revolução" democrática, a "revolução" nacional e as outras reformas capitalistas. Se as classes trabalhadoras não forem capazes de se unir e impedir as *regressões*, o desenvolvimento capitalista pode operar ao revés, "acelerando" o enriquecimento "lícito" e "ilícito" das classes burguesas nacionais e estrangeiras.

A moral da história é patente: o congelamento da descolonização constitui uma vantagem estratégica para a burguesia na luta de classes, conferindo uma supremacia permanente às classes possuidoras, aos seus estratos dominantes e às suas elites políticas. Eles não são prejudicados mas ultrafavorecidos pelos efeitos negativos e destrutivos de tal congelamento. Podem, mesmo, realizar pseudorreformas e usar a demagogia mais deslavada ou a propaganda pura e simples – e ainda assim prender caudatariamente ao seu vagão político amplos setores das massas populares. De outro lado, se estas avançam por dentro da transformação capitalista e procuram impor às classes burguesas as reformas mais urgentes para *sanear* o desenvolvimento capitalista, e chegam a criar, assim, uma situação pré-revolucionária ou revolucionária ("dentro da ordem"), ainda resta o recurso fácil à violência armada. A função do congelamento da descolonização é exatamente essa, na estratégia da luta de classes dos donos do poder. Alternativamente, é claro que as sociedades latino-americanas *"são pouco seguras"*. A desestabilização, palavra-chave da contrainsurgência, está sempre batendo às portas do Estado capitalista "débil": ele não possui o apoio da Nação, mas só da parte da sociedade civil que constitui a Nação do capital. Qualquer deslocamento no sistema de opressão e de repressão engendra uma oportunidade histórica – e mesmo sem as condições de luta de classes organizada, "os de baixo" irrompem na história. Esse é o outro lado da medalha da lei do desenvolvimento desigual e combinado. Até o presente, essa lei só funcionou em Cuba: a prova foi, não obstante, crucial. As classes destituídas avançaram tão longe quanto os revolucionários e continuam a exigir mais, pois a revolução é permanente! Não obstante, as "condições de atraso" (ou seja, as proporções nas quais a descolonização sufocada trabalha contra a massa maior da população destituída) aconselham uma luta sem quartel pela mobilização dessa massa, por sua organização em classes sociais e pelo desenvolvimento destas como classes independentes. É fatal que seu nível de comprometimento político fique mais ou menos dentro da ordem e das "reformas burguesas", especialmente se as classes dominantes demonstrarem estatura política para sair da presente estabilização pela miséria e pela opressão. Porém, só esse fato já será uma alteração monumental. Porque aí um amplo setor das sociedades nacionais entrará no jogo político ativo, consciente e organizadamente, podendo escolher entre as *opções capitalistas* da burguesia e as *opções socialistas* da vanguarda do proletariado.

Os limites da "transformação capitalista"

Durante muito tempo prevaleceu a ideia de que o desenvolvimento capitalista podia produzir resultados similares em qualquer parte, dependendo do "estágio" em que ele estivesse e de sua "potencialidade de amadurecimento" ou de atingir uma "forma pura". Essa ilusão poderia ser mantida inquestionavelmente em alguns países da Europa e foi amplamente compartilhada nos EUA; a sua difusão foi parte do processo de colonização, de transferência da ideologia dominante nas nações capitalistas hegemônicas – e fortaleceu-se com o crescimento controlado de fora da modernização. O historicismo, mesmo dentro da economia, não contribuiu para atenuar a vitalidade dessa ilusão, porque ele próprio constituíra uma resposta burguesa aos produtos finais do progresso, forjado pela civilização moderna. Dentro das correntes revolucionárias do socialismo a questão não se colocava do mesmo modo, pois o esplendor da civilização moderna foi debitado, entre outras coisas, à exploração dos povos coloniais. No entanto, por aqui penetrava uma ilusão moderada, supondo-se que aquela civilização, que levava para os "povos atrasados" ou "fracos" os grilhões da escravidão econômica, iria cair na posse desses povos e servir-lhes para destruir os seus algozes. Só com a alteração do modelo de desenvolvimento do capitalismo, quando a dominação financeira e imperialista se definem em toda a extensão e profundidade, os teóricos do socialismo revolucionário equacionariam as respostas corretas, embora ainda ficasse dependendo das revoluções proletárias a demonstração de que as novas correntes da história não estavam totalmente presas às determinações dos macrodinamismos da civilização capitalista. Estes teriam de manifestar-se, mas de formas e segundo quadros históricos que não se determinavam a partir das nações mais poderosas do capitalismo avançado.

Não teria cabimento devotar, aqui, maior espaço a esse aspecto do assunto. O que importa assinalar é que a referida ilusão preenchia uma função histórica clara na periferia do mundo capitalista, qualquer que fosse o seu estágio no processo de colonialismo e de modernização controlada. Ela abria as rupturas à luz de uma *ordem ideal*, que se construiria graças ao e através do próprio desenvolvimento capitalista e do modo de compartilhar o padrão de civilização que o tornava possível. Essa ordem ideal continha um significado construtivo, já que fomentava as "rebeliões idealistas" (e por vezes "espiritualistas") dos setores mais inquietos das elites das classes dominantes dos países periféricos e não raro por aí se deram engates com *pressões de baixo*, envolvendo a insatisfação de grandes massas humanas. Não obstante, onde as próprias elites dos estamentos dominantes controlaram o processo de ruptura com o colonialismo isso não poderia acontecer – as rupturas mais profundas foram lançadas para um futuro remoto, para uma época em que as rebeliões teriam de nascer dos próprios movimentos de massas e das lutas de classes – e as tragédias das nações capitalistas centrais passou a ser vivida, com atrasos consideráveis, como comédias das nações capitalistas periféricas. Parecia que o *arranque providencial* dependeria de um ou outro fator, como a prosperidade da agricultura e o volume da exportação, a ordem jurídica, a organização nacional, a expansão de cidades industriais e a industrialização de porte, a educação, a saúde pública, os governos esclarecidos, o planejamento em escala nacional, o desenvolvimentismo, a exploração das riquezas nacionais, os *governos fortes modernizadores*, uma parceria articulada com o imperialismo etc. A grande vantagem da ilusão é que ela era uma espécie de hidra com muitas cabeças. Degolada uma esperança, logo a seguir outra ou outras esperanças surgiam, como parte de um processo de comunicação seletiva, organizado no exterior e graduado para vitalizar as ilusões burguesas, algumas vezes com recursos dos pobres países periféricos, investidos em organismos internacionais, continentais ou "nacionais". Fora esses aspectos, a influência psicocultural que está sendo debatida provocava efeitos úteis. O mais importante consistia em criar em *burguesias* heteronômicas ou dominadas uma falsa consciência social de autonomia universal (para dentro e para fora). Vários empreendimentos tornaram-se possíveis graças a esse efeito da ilusão, tenham ou não sido realizados em "colaboração" com interesses e forças econômico-culturais externos. Outro foi designado por um ensaísta brasileiro, Oliveira Viana, como o "idealismo constitucional". As ilusões ajudavam a conceber a ordem jurídico-política "perfeita"; é claro que nada era feito para valer (em termos de autoafirmações que exorbitassem a situação de interesses das classes dominantes) – porém, abriam-se frestas para a difusão de ideais que tiveram o seu significado na polarização radical de gerações jovens e no fomento da inquietação social das massas oprimidas. Por fim, devem ser consideradas as incidências "humanitárias" e "iluministas", na esfera da educação, da difusão de valores democráticos, da saúde pública, do nacionalismo como força suprema etc. Os fiascos não devem impedir que se reconheça o terreno ganho. Grupos relativamente pequenos, mas com audiência, desprendiam-se do "monolitismo conservador" e devotavam-se à defesa de uma modernização feita com ingredientes externos, mas concebida e maturada a partir de dentro. O mal é que, globalmente, a ilusão fechava-se sobre si mesma. Ela não favorecia que as inteligências críticas ou rebeldes se voltassem criticamente para *a forma de desenvolvimento*, concentrando o seu afã modernizador ou inovador na escolha de "meios possíveis" ou "acessíveis". Tal era a confiança de que, *a largo prazo*, "todos não estariam mortos": a revolução burguesa libertar-se-ia de suas amarras históricas, quebrando resistências, carências ou obstáculos, levando também a periferia a desfrutar a plenitude da civilização moderna.

O dilema econômico da América Latina consiste em que essa ótica burguesa não põe em questão histórica a *forma* do desenvolvimento capitalista. Ela se volta para o *modelo* vigente em dado momento do desenvolvimento capitalista (ou para um *modelo idealizado*, pelo qual certas burguesias lograram o seu arranque industrial e a constituição de uma sociedade de classes capaz de conter e regular o antagonismo central entre o capital e o trabalho). Ora, a forma do desenvolvimento permitiria pôr em questão o que já List descobrira: o país ou os países mais fortes teriam um controle do mercado mundial e vantagens crescentes na acumulação capitalista. Os países que não pretendessem submeter-se a controles externos coloniais e semicoloniais ou que quisessem fugir a uma dependência econômica ruinosa teriam de lutar por sua *autonomia de desenvolvimento capitalista*. Por sua vez, os modelos de desenvolvimento podiam ser compartilhados com as economias periféricas. Na verdade, para que a colonização se realizasse ou para que a situação neocolonial e a situação de dependência produzissem frutos tornava-se imperioso compartilhar o modelo, pelo menos na medida e nos limites em que as economias coloniais, neocoloniais e dependentes teriam de engrenar-se com as estruturas e os dinamismos econômicos do centro ou centros dominantes. Isso não significava que, em determinado momento, alcançariam o desenvolvimento desses centros, o igualariam e superariam. Porque, nas situações coloniais, neocoloniais e de dependência isso era impossível (e até hoje, segundo Baran, só ocorreu nos EUA e no Japão; e por motivos que não são intrínsecos a estas situações e têm que ver com a ruptura política contra elas e a sua desagregação deliberada, como parte do "cálculo econômico racional" e da "razão política nacional independente"). O que aconteceu na América Latina, em escala universal, foi que os estamentos dominantes e privilegiados *preferiram optar* pela linha mais fácil de seus interesses e vantagens, dando prioridade total às soluções econômicas montadas no período colonial, com todas as suas aberrações. Fizeram o célebre negócio dos "40 dinheiros" com referência às respectivas nações em eclosão histórica, articulando-se à Inglaterra ou a outros países para compartilhar com esses centros a exploração de seus próprios povos. Hoje está na moda a palavra "cooptação" e poder-se-ia dizer, brandamente, que "foram cooptados a partir de fora". Mas isso não seria verdadeiro. Em seu horizonte intelectual, econômico e político, as elites desses estamentos não viam, coletivamente, a Nação independente como saída histórica. Esta foi lançada para um futuro remoto e entrou-se a construir um mundo capitalista neocolonial (que, em uns poucos países, serviu de base para o florescimento ulterior do capitalismo dependente).

Isso quer dizer que o dilema econômico expresso através do capitalismo neocolonial e do capitalismo dependente não foi um simples produto das correntes da história moderna. Os países europeus (e, mais tarde, os EUA) não impuseram nada que fosse inevitável. As forças mobilizadas para lutar contra as duas metrópoles foram desmobilizadas pelos setores civis e militares; o que passou a preocupar aquelas elites, de maneira substancial, foi como impedir que a herança colonial se desagregasse, fugisse por entre os seus dedos. Não se poderá dizer que tal opção teria valor e vigência para sempre. No entanto, hoje é claro, sob o capitalismo monopolista e imperialista, que o desenvolvimento capitalista não oferecerá, por si mesmo, novas alternativas às nações latino-americanas que se encontram em situação neo-colonial ou em situação de dependência. Elas poderão passar pelos *estágios* das economias centrais – e isso está ocorrendo nas principais economias e sociedades da região – mas esses estágios não poderão reproduzir os mesmos efeitos, porque o contexto histórico, a estrutura da economia, da sociedade e do Estado, são diversos sob a forma neocolonial ou dependente de desenvolvimento capitalista. O México, a Argentina, o Brasil, o Uruguai e o Chile, sem falar dos países que não romperam as barreiras neocoloniais até hoje, por exemplo, indicam claramente tudo isso. Quando a pressão de baixo para cima se intensificou de modo revolucionário prematuramente, ela foi pulverizada, esmagada e serviu de pretexto para modalidades políticas de autodefesa da burguesia que lembram a autocracia e o despotismo. De outro lado, na medida em que o estágio da formação do proletariado alcançou maior maturação e este procurou organizar-se para desenvolver-se como classe independente, o processo foi contido, interrompido ou interceptado pela violência organizada. Em consequência, as forças sociais que poderiam funcionar como contrapeso e colocar na cena histórica o problema da forma do desenvolvimento capitalista nem isso puderam fazer. As tenazes da história se fecham pelas mãos dos homens: os homens que estão no poder, dentro das empresas, das instituições sociais e do Estado, e que não veem outra coisa senão a parte que podem retirar do butim, em associação com parceiros de várias categorias sociais de dentro e de fora.

Por essa razão escolhi o conceito de "transformação capitalista", com que trabalha Lukács, e pus ênfase nos *limites* que ela sofre inevitavelmente. Não quero dizer, com isso, que a revolução burguesa foi para as cucuias, como pensam inclusive alguns cientistas sociais de méritos reconhecidos, liberais ou esquerdistas. O ponto mais grave, que se configurou nas nações latino-americanas de maior envergadura econômica, demográfica e política, é que a revolução burguesa acabou se definindo e se desatando *pela cooperação com o polo externo e através de iniciativas modernizadoras de monta, desencadeadas pelo polo externo.* O Estado autocrático burguês (ou, como outros preferem, o Estado neocolonial ou, ainda, Estado de segurança nacional) acabou sendo o elo mediador pelo qual uma revolução que deixou de ser feita *por decisão histórica* está caminhando pela *modernização dirigida e autocrática* e *por transformação de estruturas previamente drenadas ou esterilizadas.* Na verdade, na medida em que a *forma* do desenvolvimento capitalista não foi tocada pelos interesses maiores, o novo modelo de desenvolvimento capitalista tinha de conduzir nessa direção. Ele é internacionalizador por contingência histórica (a luta de vida e de morte com as nações socialistas) e por seu dinamismo interno (o capitalismo da era do imperialismo, que tende a unificar a autodefesa e a segurança da empresa mundial; na esfera da produção, do mercado e das finanças). Portanto, a burguesia externa retirou a burguesia neocolonial e dependente ou de sua apatia ou de suas ilusões de progresso espontâneo, e a revolução burguesa se aprofunda literalmente como uma catástrofe histórica. A periferia verdadeira do capitalismo monopolista avançado está sendo montada agora, *em nossos dias*. Ela será profundamente modernizadora, provocará transformações nunca sonhadas da economia industrial e da sociedade de classes. Mas, para manter o desenvolvimento desigual e combinado em termos das vantagens estratégicas das classes burguesas, do centro e da periferia, terá de despojar a revolução burguesa dos atributos que definiram a sua grandeza histórica na evolução da civilização moderna.

Dessa perspectiva, a questão dos limites da transformação capitalista torna-se essencial. Ao contrário do que muitos pensam, as classes burguesas avançam em duas direções simultâneas, não pararam: aceleraram o desenvolvimento capitalista de modo unilateral, tentando "queimar etapas" *como podem e sem arriscar-se*; buscaram uma articulação mais flexível e eficaz entre o "capital interno", o "capital externo" e a atuação do Estado. O primeiro ponto merece séria atenção. Não é provável que os riscos potenciais crescentes da modernização tecnológica, da industrialização maciça e da excessiva concentração dos "polos dinâmicos" não tenham sido levados em conta. Os avanços nessa direção só querem dizer uma coisa: as classes burguesas estão preparadas para enfrentar, *escalonadamente*, tais riscos e estão trabalhando com eles da mesma forma "articulada" e segundo os "ditames da cooperação internacional": a modernização institucional foi deslocada para essa área e já se pode perceber quais são as tendências do seu crescimento seja nos sindicatos, seja nas universidades e escolas superiores, seja nos programas de "melhoria da qualidade da vida" e do "planejamento comunitário", seja na atuação dos partidos de centro e dos setores conservadores da Igreja Católica. Dois fenômenos concomitantes podem favorecer, em termos imediatistas, essas tendências. A formação de uma pequena burguesia laboriosa na crista do trabalho industrial qualificado e os efeitos diretos ou indiretos da tecnologia de capital intensivo. O segundo ponto tem sido visto com muita superficialidade nas esferas do pensamento crítico, teórico ou ativista. Muitos dão por assentado que o conflito setorial de interesses ou o antagonismo básico entre o "capital nacional" o "capital estrangeiro" impedem uma ação coordenada das classes burguesas. E é generalizada a propensão a levar a sério as reclamações de alguns estratos da burguesia a respeito do "gigantismo" econômico estatal. É preciso colocar as coisas "em seus lugares" em termos da situação total. Desse ângulo, o que se percebe é que existem dois movimentos simultâneos e convergentes do capital, um que vem das multinacionais e das nações capitalistas hegemônicas para os países hospedeiros-chaves, outro que vai destes países na direção oposta. Esse movimento constitui um movimento histórico e, se ele não crescer e não consolidar-se, o capitalismo se esboroará com maior rapidez. Portanto, a articulação e a cooperação ordenada segundo planos não é esporádica; ela faz parte da natureza íntima do capital monopolista na fase atual. O Estado e a Nação não perdem, em consequência, a sua particularidade e a sua eficácia para as classes burguesas. Mas ambos são colocados dentro da estratégia global da luta contra o socialismo e da necessidade de crescimento contínuo. O que isso representa para a periferia, no caso para as nações capitalistas neocoloniais e dependentes da América Latina? Provavelmente que a *segurança às brutas* deverá, a médio prazo ser substituída por *segurança consensual,* obtida se preciso na base da cooptação generalizada de certos segmentos das classes médias e do proletariado. As funções legitimadoras do Estado capitalista deverão crescer, mas esse processo se voltará, de novo, contra os interesses dessas nações e de suas maiorias pobres. Haverá abundância de televisões para suavizar os sacrifícios e um largo recurso à comunicação cultural de massa sofisticada para introduzir alguma compensação visível na "qualidade da vida". Todavia, a julgar pelos EUA, o que nos aguarda é um período terrível e angustiante *se não se tentar (ou se se tentar sem êxito) reverter as tendências históricas do capitalismo monopolista imperializado das nações capitalistas estratégicas da periferia.*

A essa "oportunidade histórica" das classes burguesas corresponde (e não poderia deixar de corresponder), uma *oportunidade histórica* das classes trabalhadoras (mesmo de seus setores destituídos mais marginalizados). A "revolução burguesa em atraso" provocará, queiram ou não as elites econômicas, políticas e militares das classes burguesas, um alargamento do espaço histórico das classes trabalhadoras e terá de abrir um espaço político crescente pelo menos à *arbitragem* de divergências entre o capital e o trabalho e para a maturação de "movimentos radicais tolerados" (na verdade, estimulados como alternativas para deslocar os jovens dos *conflitos ideológicos* e os operários da *luta de classes*). Por aí se delineia uma situação histórica que tem pontos de contato com as velhas sociedades industriais europeias. Os proletários e os trabalhadores do campo poderão ter um acesso cada vez maior ao *uso livre* de meios de organização que são típicos do *trabalho livre*. Portanto, o aparecimento e a maturação da *classe em si* e o desenvolvimento independente da classe em si constituem uma realidade histórica inelutável. Não se sabe aonde isso nos levará, pois sob o desenvolvimento capitalista autossustentado (e com uma base móvel de riqueza, roubada das colônias de vários tipos) as classes burguesas dispunham de espaço histórico e político para modificar suas relações com o movimento operário, sindical e socialista. De outro lado, é impossível antecipar o comportamento coletivo das classes trabalhadoras, como elas reagirão ao condicionamento psicológico na indústria e fora dela. Por isso, é impossível avaliar como o movimento proletário na América Latina se relacionará com as mudanças sociais progressivas em processo, umas de tipo capitalista, outras de natureza socialista. O imenso esforço de cooptação externa, através de sindicatos, partidos, órgãos de comunicação de massa poderá produzir ou não os resultados esperados. De outro lado, a formação de uma aristocracia operária poderá ou não provocar efeitos equivalentes ao peleguismo sindical. O essencial, na verdade, é que *este é um momento de opção histórica* para as classes trabalhadoras e os seus grupos ou movimentos de vanguarda. A oportunidade que tiveram os estamentos senhoriais ou privilegiados nas lutas contra a dominação metropolitana e pela Independência começa a configurar-se para *os de baixo*. Eles poderão entrar nas correntes históricas de defesa do capitalismo, engrossando as fileiras da contrarrevolução aberta ou dissimulada. Mas também poderão avançar diretamente na direção das correntes históricas de nossa época, que levam ao socialismo e a um novo padrão de civilização.

Dadas as proporções da massa de deserdados e o caráter concentrador da riqueza e da participação cultural que o capitalismo monopolista está assumindo na periferia (é óbvio que a intensidade apavorante da concentração, no momento, é circunstancial; mas também é previsível que o capitalismo monopolista dependente *precisará de muito tempo* para diluir a tendência à hiperconcentração), o que se pode imaginar é que as classes burguesas se defrontam com dificuldades insuperáveis. Elas não podem dividir o bolo entre o centro e a periferia e, dentro da periferia, entre apetites tão diversos, e ainda contar com alternativas para superar historicamente o dilema econômico do capitalismo na América Latina. Quer dizer: o caráter de *elos débeis* não só se preserva, ele se fortalece. O desenvolvimento desigual e combinado poderá manifestar-se dentro de um jogo

REFLEXÕES SOBRE AS "REVOLUÇÕES INTERROMPIDAS" (UMA ROTAÇÃO DE PERSPECTIVAS)

de aparências ilusório. Todavia, os "polos insatisfeitos" tenderão a saltar dos trilhos e procurarão a sua própria trajetória. Os que buscam o consenso pela cooptação e pela falsificação da realidade acabarão se defrontando com a realidade crua: uma *era de luta de classes*, que porá a violência organizada a serviço das classes trabalhadoras do campo e das cidades. Mesmo que essa era, inicialmente, possa ser compatibilizada com a "reforma do capitalismo" (como já sucedeu antes, sob revoluções burguesas "clássicas"), a médio ou a largo prazos ela terá de saltar sobre os seus eixos menores, tornar-se anticapitalista primeiro e socialista em seguida.

Os limites da transformação capitalista, apesar da articulação entre classes burguesas nacionais e estrangeiras, tenderão pois a escapar ao controle da burguesia. No contexto de frustração histórica secular da América Latina e sob os impasses de um capitalismo monopolista ou neocolonial (que ainda está por nascer) ou dependente (em implantação e crescimento em alguns países-chaves) essa perda de controle poderá converter-se, gradual ou rapidamente, em fator do agravamento da luta de classes e de desagregação acelerada da sociedade de classes capitalista. É imperioso que as classes trabalhadoras se preparem para enfrentar tais situações históricas – que os sindicatos e os partidos operários, principalmente, realizem um movimento simétrico ao das classes burguesas, tentando unificar suas forças e criar uma cooperação efetiva malgrado as divergências, para travar as batalhas decisivas segundo uma estratégia própria e dentro de um escalonamento que possibilite vitórias sucessivas. Aos poucos, com o aumento do espaço histórico e político das classes trabalhadoras, as divergências poderão frutificar sem enfraquecer os seus agentes. Por enquanto, estamos no começo desse processo – apesar de Cuba – do qual irá depender os limites extremos mais profundos: o fim do colonialismo indireto e o colapso do capitalismo selvagem.

As lições de Cuba

Nestas reflexões, Cuba nos coloca diante de três assuntos fundamentais: nela, as orientações dos estamentos dominantes, nas lutas pela independência, seguiram as linhas comuns na América Latina; nela, se evidenciam melhor (ou de uma forma em que não foi possível evidenciar-se no resto da América Latina) as tendências centrífugas da burguesia, sua incapacidade total de deslocar a "defesa do capitalismo" em favor da descolonização completa, da revolução democrática e da revolução nacional; por fim, o caminho percorrido por Cuba demonstra que não é a pobreza, o subdesenvolvimento e a "apatia do povo" que convertem a miséria, a marginalização sistemática e a exclusão política das massa em precondições do "desenvolvimento econômico", mas a exploração capitalista dual, pela qual as classes dominantes internas e as nações mais poderosas da terra se associam em uma brutal pilhagem sem fim. Os que quiserem conhecer outros aspectos da evolução revolucionária de Cuba e de seu desenvolvimento socialista terão de recorrer a um livrinho anterior, no qual procurei traçar as etapas de aprofundamento histórico da Revolução Cubana.[4]

O primeiro aspecto possui um interesse menor, mas dado o fato de que em Cuba a página da história se virou de modo completo, ele tem um significado didático "conclusivo". A posição dos estamentos dominantes nas revoluções de 1868 e 1895 e sua incapacidade de corresponder à necessidade revolucionária global ficam patentes de forma ostensiva. Na impossibilidade de *conter a revolução no plano político*, nas duas ocasiões aqueles estamentos se deslocaram para posições contemporizadoras e,

---

[4] Florestan Fernandes, *Da guerrilha ao socialismo: a Revolução Cubana*. São Paulo, T.A. Oueiroz, 1979. No fim do livro encontra-se uma bibliografia selecionada sobre a Revolução Cubana. [Esta obra ganhou nova edição pela Editora Expressão Popular em 2006].

por fim, antinacionais e reacionárias. Na guerra de 1868, favorecendo a perpetuação transformada do regime colonial espanhol; na guerra de 1895, favorecendo uma tutelagem neocolonial dos EUA, que exigia uma ampla e prolongada colaboração institucional das classes dirigentes cubanas. O que importa ressaltar, no caso, é que as estruturas econômicas e sociais forjadas pela economia de exportação não identificavam os estratos econômicos e dirigentes com os interesses coletivos do Povo. Ao erguer a bandeira da independência e da formação de um Estado independente, aqueles estratos só completavam a revolução política se tivessem condições de sobrepor o seu controle militar e a sua autoridade política às forças revolucionárias de extração popular. Essa reflexão comparativa permite entender melhor o que sucedeu, de maneira reiterada, no resto da América Latina: na quase totalidade das situações, os estamentos privilegiados não precisaram recuar porque não se viram sob o risco provável de ter de levar a revolução mais longe, para os níveis econômico e social, se quisessem completar o ciclo da transformação das estruturas de poder no âmbito de seus interesses particulares. O recuo, portanto, não pressupõe a "inviabilidade" de soluções revolucionárias que não se concretizaram. Ele ilumina a história: demonstra que, dentro do horizonte econômico e político dos estamentos dominantes, ou a revolução se concluía sem maiores consequências de reorganização da economia e da sociedade (se interrompendo ao nível político), ou ela não se concluiria (isto é, qualquer vitória possível, com base na atividade das massas populares e de lideranças militares revolucionárias mais ou menos autônomas, seria condenada à sabotagem). Por aí se desvenda *todo o véu*, que em outros países ficou enrustido. Os estamentos privilegiados aceitaram a revolução para dar nascimento a governos sob seu controle estrito, o que fazia com que a transformação do Estado se operasse sob uma eclosão revolucionária circunscrita.

Todavia, o crescimento da Nação foi, por isso mesmo, deliberada e cuidadosamente dissociado da revolução como processo histórico-social. Ele teria de ocorrer aos poucos, ao longo de uma evolução conturbada, que levaria, aqui e ali, os mesmos interesses "conservadores" e "antinacionais" a solaparem a formação e a autonomização da Nação.

O segundo aspecto é mais importante. Poder-se-ia perguntar: dadas as novas condições do desenvolvimento capitalista e a transformação dos estamentos senhoriais em classes burguesas, a história não teria, finalmente, mudado de eixo? Não seria, mais tarde, do interesse particular das classes burguesas corresponder ao interesse global das outras classes, de levar a revolução nacional até ao fim e até ao fundo (e, com ela, soltar as outras revoluções concomitantes)? Só em Cuba essa possibilidade histórica se delineou concretamente e só por essa experiência se pode refletir também de forma concreta. Enquanto foi possível, as classes burguesas aproveitaram as oportunidades históricas, culturais e políticas do capitalismo neocolonial, ficando com a parte mais suja na produção do butim e do manejo da "República mediada". Sob Batista, as coisas foram longe demais e vários setores da burguesia se deslocaram de posição. A oportunidade alternativa de uma articulação mais profunda com *as forças revolucionárias da Nação* surgiu concretamente. Parecia que, sob o governo revolucionário, saído da vitória dos guerrilheiros, iria se consumar esse tipo de avanço. No entanto, ele não se deu! Muitos refletem sobre o assunto sob uma perspectiva unilateral: os próprios guerrilheiros e a rapidez da radicalização popular impediram essa evolução. Ora, é preciso colocar esse argumento no contexto histórico. Através dos estratos das classes médias e altas, que encontraram resposta no movimento revolucionário, a burguesia *teve a oportunidade mas não a aproveitou*. Por quê? Obviamente, porque não é uma classe revolucionária nas condições históricas da América

Latina, porque defende seus interesses de classe em termos de sua vinculação com o capitalismo neocolonial e com o capitalismo dependente, sendo sequer capaz de situar-se em uma posição de classe que permitisse conciliar aqueles interesses com a autonomia da Nação: a existência de uma democracia burguesa real e a extirpação de formas subcapitalistas de exploração humana.

Não foi a "má fé" ou a "sabotagem" dos guerrilheiros que bloquearam a burguesia cubana. Esta não podia avançar na direção necessária porque estava imantada a interesses capitalistas imobilizadores, que exigiam a continuidade do *status quo ante* (ou seja, colidiam frontalmente com a revolução). Por sua vez, a pressão popular de forças proletárias urbanas e agrárias não deve ser tomada como uma "manobra contra a burguesia". A efervescência dessas forças marcava o nível da história, até onde a burguesia teria de avançar para realizar um percurso revolucionário completo. A solução pela força bruta, em seu favor, estava excluída. O governo revolucionário, fiel a seus compromissos com a descolonização, a implantação da democracia e a independência da Nação, garantia eficácia política à pressão popular. Portanto, a questão global não é a de uma suposta "debilidade da burguesia". Ela é, *concretamente*, dos marcos e do significado da revolução na América Latina nesta época histórica. A bandeira revolucionária não poderia ficar nas mãos de uma burguesia que se plantava obstinadamente no mesmo circuito histórico da reação metropolitana dos EUA. Ela se deslocara para "os de baixo", se encontrava nas mãos das mesmas massas populares que exigiam que o governo revolucionário se lançasse *imediatamente* à reforma agrária e à concretização rápida dos demais fins da Revolução. Ponto final. A página da história foi virada completamente, sem colaboração frutífera da burguesia como tal. Esta se esgotara porque a forma de desenvolvimento capitalista a que prendera o seu destino e a sua capacidade de ação política não respondia (como nunca respondeu) às exigências da situação. Desde que o grosso da população (isto é, as classes destituídas e oprimidas) subiu à tona e podia externar a que vinha, a burguesia estava fora do baralho e, com ela, o poder imperial do qual ela fora um fantoche.

O terceiro aspecto coloca, de fato, o problema da revolução no contexto histórico atual da América Latina. É um erro pensar-se que a burguesia possa movimentar-se com certa liberdade através de uma possível "reforma do capitalismo". A principal lição de Cuba é essa. Ela mostra, ao resto da América Latina, qual é o caminho que pode e deve ser seguido no presente, presumivelmente em condições diversas e muito mais difíceis. A "revolução burguesa em atraso" possui três polos distintos – um forte polo econômico, financeiro e tecnológico internacional; um polo burguês nacional disposto a correr o risco do "aprofundamento da dependência" e suficientemente audacioso para explorar essa "última via" da transformação capitalista nas condições tão desumanas da região; uma forma absolutista de Estado burguês, bastante flexível para falar várias linguagens políticas e bastante forte para oscilar rapidamente, ao sabor das circunstâncias, da ditadura militar com respaldo civil para a "democracia ritual" com respaldo militar. Esses três polos têm de relacionar-se de modo muito mais complexo que aquele que se evidenciou em Cuba sob a República títere. À medida que a industrialização maciça, a modernização acelerada e o desenvolvimento concentrador se libertarem dos controles rígidos dos períodos de implantação e de maturação, os seus efeitos, o seu significado global e todo o conjunto de políticas a que eles respondem terão de ser postos em questão. O "diálogo surdo" do *diktat* terá de ser substituído, às vezes mais depressa do que as classes burguesas gostariam e acima das possibilidades de "dissuasão pacífica" do Estado, pelo diálogo verdadeiro. Por maior que seja a massificação da cultura política dirigida, as classes trabalhadoras tomarão conta dos ca-

REFLEXÕES SOBRE AS "REVOLUÇÕES INTERROMPIDAS" (UMA ROTAÇÃO DE PERSPECTIVAS)

nais do diálogo verdadeiro e o "capitalismo reformado" provará a sua inconsistência básica. A perspectiva será de uma existência dolorosa, com a República títere sujeita, de maneira permanente, a vários enrijecimentos sucessivos, numa escala ampliada do que ocorreu em Cuba da ascensão de Machado à queda de Batista. Ao recorrer a mudanças de caráter revolucionário, sem ser uma classe revolucionária, a burguesia aceita esse perigo extremo, mal avaliado por falta de perspectiva política. O imediatismo é quase sempre cego. Ele leva ao cálculo de que "quem pode mais chora menos". Mas quem "pode mais" por alguns anos ou mesmo por muito tempo acaba por "poder menos". Quem não acreditar nesse raciocínio que retome o desastre sofrido pela burguesia cubana e pelos EUA de 1959 a 1962, no rápido evolver da Revolução Cubana.

Esta discussão pode parecer *biased* ou "ideologicamente contaminada". Ela, de fato, corresponde positivamente a certos valores, com a explicitação necessária de interesses e de ideais políticos que compartilho. Todavia, não fui eu quem os pôs no centro da história. Seria absurdo pretender analisar uma situação histórica tão complexa ignorando todas as forças que ultrapassem a defesa ativa ou violenta da ordem. Ora, todas as forças – contrarrevolucionárias e revolucionárias – merecem ser levadas em conta e ignorar estas últimas equivale a não ter interesse pelo futuro... A revolução burguesa em atraso não possui envergadura para enfrentar e resolver tarefas que a revolução burguesa "clássica" só solucionou parcialmente, na Europa e nos EUA, em um contexto histórico produzido em grande parte pelo poder coletivo de ação inovadora e construtiva da burguesia em ascensão ou em consolidação como classe dominante. Além disso, somente agora delineia-se estruturalmente a capacidade de ação organizada e de presença coletiva contestadora das classes destituídas e oprimidas na América Latina, em luta pela condição de classe em si mas com um potencial para converter-se rapidamente em classe revolucionária. De uma perspectiva "multinacional" e através de uma "ótica capitalista conservadora" parece que as classes burguesas poderão remontar, a partir da própria situação histórica. Seria só uma questão de aguentar as pontas em um momento mais difícil de "aceleração do desenvolvimento" para "oferecer mais a todos" e "colher os frutos" adiante. Ocorre que essa não é a história que parece estar em *processo real*. O que significa *oferecer mais* e quanto *o todos* poderão colher nas funções de legitimação de um regime capitalista que tem de comprar as consciências dos inimigos de classe e precisa recorrer permanentemente ao *consentimento imposto*? É certo que o modelo de desenvolvimento capitalista monopolista confere à burguesia um respiro. Porém, esse respiro não pode compensar o solapamento da posição de classe dominante que se processa (e que cresce geometricamente) graças à forma persistente de desenvolvimento capitalista dependente. Configura-se, assim, uma muralha da China para a burguesia, vamos dizer, o equivalente do seu castelo feudal. Ela está presa e à mercê da pressão dos de baixo, o que se fará sentir melhor a partir do momento em que os efeitos positivos e negativos da industrialização maciça, da modernização acelerada e do desenvolvimento concentrador funcionarem como fator explosivo de recuperação histórica de situações revolucionárias congeladas pela força bruta.

Os requisitos da acumulação capitalista (e, portanto, da aceleração do desenvolvimento econômico e da exploração dual) são também os requisitos da substituição das classes dominantes por classes verdadeiramente revolucionárias ou, em outras palavras, pelo advento de uma Revolução que não se extinguirá ao nível político. Ainda aqui o paralelo cubano é relevante. A Revolução Cubana revela a natureza íntima da *revolução em avanço*, que tem de desagregar e de destruir toda a ordem pré-existente até ao fundo e até ao fim, para lançar as bases da formação e da evolução históricas de um novo padrão de civilização. Os portugueses, os espanhóis, os seus sucessores no condomínio do Estado capitalista "oligárquico" ou "autocrático" e os seus poderosos aliados imperiais não poderiam realizar essa missão. Modernizando, transferindo ou inovando, eles estavam reproduzindo o passado no presente, criando um futuro que não continha uma autêntica história própria, um genuíno processo civilizatório original. Estes só poderiam brotar tardiamente, em função do aparecimento de classes dominantes revolucionárias saídas da massas de toda a população e representantes de toda a população.

Quem "aproveita as contradições" na luta de classes!

A linguagem de *O manifesto comunista* é clara: nele não se diz que a "luta de classes'" substitui os seus agentes e, tampouco, que as "contradições antagônicas" destruam, por si mesmas, o sistema capitalista de poder. Diante de uma classe operária que mal se estava convertendo em *classe em si* e principiando a utilizar a luta de classes para lograr um desenvolvimento independente diante da burguesia, o que ganhava importância era a forma e o sentido dessa luta, aonde ela levava, o que ela reservava ao capitalismo e à evolução da humanidade. Os proletários tinham de organizar-se como classe em si, mas o desenvolvimento independente desta, em escala nacional, dependia tanto do desenvolvimento das forças produtivas, isto é, do capitalismo, quanto da vitalidade econômica, social e política da burguesia. Além disso, a condição proletária, produzida e reproduzida pela apropriação capitalista da riqueza gerada pelo trabalho, constituía um substrato, a base material da relação antagônica dos proletários com os donos do capital e com a sociedade capitalista como um todo. O fermento político revolucionário procedia da consciência social que os proletários adquirissem, coletivamente, de que tinham de desenvolver-se como classe independente; enfrentar, reduzir e abater a supremacia burguesa; e conquistar o poder da burguesia. Essa vinha a ser a ótica comunista do socialismo. Ora, é óbvio que não se pode transferir para a periferia do mundo capitalista, sem mais esta nem aquela, semelhante visão articulada da luta de classes. Ela era o produto de uma longa evolução social. E as primeiras manifestações da condição revolucionária do proletariado como classe social ou foram absorvidas pela ordem social competitiva, alargando-se assim concomitantemente o elemento político intrínseco à luta de classes, ou foram esmagadas impiedosamente pelas classes dominantes, demonstrando-se desse modo para onde caminharia o "terrorismo burguês". A questão não seria, como se poderia supor de uma perspectiva não marxista, que o mundo capitalista da periferia teria de "ficar igual", antes de mais nada, ao mundo capitalista "conquistador" e *imperial*. Isso seria, para sempre, impossível, pois a história caminha de modo incessante e o capitalismo teria de refazer-se continuamente, nos seus polos centrais e mais dinâmicos. Portanto, como levar, para proletários dotados de baixa capacidade de organização de classe e de fraco potencial de luta de classes em escala nacional, uma forte consciência revolucionária e uma disposição imbatível de conduzir à prática as tarefas políticas do proletariado? Apesar das desvantagens históricas relativas, o proletariado poderia transcender à burguesia, ser ele próprio um fator de aceleração e aprofundamento da revolução burguesa, em países onde as classes dominantes sentem pouco entusiasmo pelas garantias sociais e políticas inerentes à forma mais avançada e pura de dominação burguesa, e lutar, simultaneamente, por uma nova transformação da ordem existente, pela *revolução proletária*? A resposta a essas perguntas permitia equacionar em novos termos a relação histórica entre *democracia burguesa* e *democracia proletária*; e implantava dentro do marxismo a convicção de que a periferia, antes de "ficar igual" ao mundo capitalista mais avançado, extrairia do seu atraso o fator do seu avanço revolucionário. Essa é a lógica política de *O que fazer?*

Essa condensação é demasiado sumária. Mas ela esclarece suficientemente o ponto fundamental. Primeiro, as "contradições" não são só uma construção abstrata, elas fazem parte de relações sociais reais e têm de emergir como tal na vinculação dos proletários com sua sociedade. Segundo, as "contradições" não impedem que o capitalismo se expanda constantemente e que o poder da burguesia continue crescendo, pois é da lógica íntima do capitalismo e do regime de classes que eles tenham de desenvolver-se nessas condições. Terceiro, as "contradições" passam a contar como um fator de *poder real* para os proletários a partir do momento em que se torne possível, para estes, engatar as condições de constituição da classe com as condições de luta com as classes dominantes; daí em diante, o desenvolvimento do capitalismo exprime, de fato, a sua natureza antagônica e o poder relativo do capital e do trabalho. Em suma, as contradições podem ser longamente aproveitadas pelas classes dominantes e, ao revés, a existência de uma grande massa de proletários, por si só, não impede que isso se mantenha como uma espécie de rotina. A própria violência institucional, gerada para manter tal estado de coisas, acaba sendo instrumental quer para multiplicar as vantagens relativas das classes dominantes, inclusive na esfera restrita da acumulação de capital, quer para atrofiar a luta de classes e a capacidade de luta política dos proletários, quer para criar orientações conformistas e de acomodação passiva, pelas quais os proletários se excluem do uso consciente e ativo das contradições em seu proveito coletivo (o que é mistificadoramente designado, pelas classes dominantes, como "apatia das massas"). As burguesias "débeis", da periferia, confrontadas simultaneamente pela dominação do capital hegemônico externa e pela pressão do trabalho interna, tendem a dar o máximo de importância à relação interdependente entre a violência institucional e uma "posição invulnerável" na luta de classes, buscando, assim, monopolizar em seu proveito o *uso deliberado* das contradições intrínsecas ao crescimento do capitalismo e do regime de classes. Não pretendem, com isso, "retardar a história", mas proteger-se dentro da "história possível", pois precisam calibrar o terrorismo burguês, que não inventaram, para lidar com os acidentes fatais e os riscos catastróficos do capitalismo selvagem.

Por que um rodeio tão grande, uma introdução tão extensa? Porque é preciso combater uma "tradição revolucionária" mecanicista, que se tornou verdadeiramente letal nos países industrializados da América Latina, a qual consiste em deixar que as contradições "se acumulem" e "amadureçam". Como se daí pudesse resultar algo de útil para o movimento sindical e operário! Se estes se mantêm indiferentes ao uso que as classes burguesas fazem das contradições, o que se acumula e amadurece não é o desenvolvimento independente e a capacidade de luta política dos proletários como classe – mas sua *condição servil* dentro da sociedade capitalista subdesenvolvida. Uma relação puramente defensiva (não simplesmente adaptativa ou passiva) já seria suficiente para que, sob o capitalismo neocolonial e o capitalismo dependente, os proletários nunca tivessem nem voz nem vez! Isso obriga a uma tomada de posição firme e inflexível. As contradições que não são aproveitadas ativamente pelo movimento sindical e operário são drenadas pelo sistema capitalista de poder e convertidas em *apatia das massas*, ou seja, em submissão dirigida. À acumulação de capital corresponderia, simetricamente, uma acumulação multiplicadora de poder político, centralizada no tope da classe dominante e no vértice do Estado. O que significa trabalhar às avessas com as contradições, eliminando, amaciando ou tornando inócuo o caráter antagônico da luta de classes, permitindo que a burguesia realize, de uma só vez, a apropriação do produto do trabalho e a expropriação da vontade do trabalhador. Essa tomada de posição *contra a corrente* é ainda mais imperiosa por causa do modelo de desenvolvimento capitalista que está se expandindo nos países capitalistas-chaves da América Latina, o Brasil com destaque. Sob o padrão monopolista de desenvolvimento capitalista o proletariado adquire certos meios de organização como classe que correspondem à passagem do estágio em que se via condenado à extrema impotência e à condição de "cauda da burguesia" para um estágio em que o desenvolvimento independente de classe se torna possível e necessário. Todavia, uma transformação dessa magnitude ocorreu, na Europa, no contexto da primeira revolução industrial. Agora e aqui, é preciso enfrentar uma burguesia que pode combinar uma grande variedade de formas e de técnicas de terrorismo burguês, que vê na luta de classes um elemento político específico da *desestabilização da ordem* e que incorpora a "frente interna de luta" na guerra fria, em escala nacional e internacional. Se não houver uma corajosa disposição de não ceder terreno e uma clara consciência de que o proletariado e as demais classes trabalhadoras não podem ser indiferentes ao "controle *racional* das contradições" ou ao seu aparente congelamento histórico, o movimento sindical e operário cometerá um puro suicídio político e deixará nas mãos da burguesia uma supremacia absoluta. O capitalismo se "ossificaria" e o regime de classes se converteria na base social de um sistema estático de poder, uma versão moderna do feudalismo (paralelo que, aliás, alguns sociólogos de espírito crítico, como Veblen, assinalaram em seu tempo).

Voltamos a Herbert Marcuse e à sua análise do esmagamento das relações e estruturas de conflitos no mundo moderno, capitalista e socialista.[5] Penso que a "guerrilha individual" provocou

---

[5] Herbert Marcuse. *One-dimensional man. Studies in the ideology of advanced industrial society*. Londres, Routledge & Kegan Paul, 1964. [Ed. bras.: *Ideologia da sociedade industrial*. 5ª ed., Rio, Zahar, 1979.]

um descarrilhamento de sua incomparável faculdade de utilizar o pensamento negativo, conduzindo-o a misturar explicações lúcidas e magistrais com um pessimismo desorientador. Na verdade, coube-lhe levar a filosofia crítica às últimas consequências; porém, ao fazê-lo, ele perdeu pé nas grandes correntes históricas atuais. O que explica por que ele entendeu sociologicamente tão bem o mundo engendrado pela tecnologia avançada e omitiu o fato de que as contradições não podem ser "evaporadas" nem no capitalismo "tardio" nem no socialismo "nascente". Se isso fosse possível, os dois sistemas só seriam diferentes na aparência. No fundo, teríamos dois sistemas tecnocráticos monumentais convexos, evoluindo de modo análogo e interdependentes (quando menos por motivos de conveniência e para evitar a destruição final). Só se pode levantar tal hipótese omitindo-se a relação das classes assalariadas em geral (não só dos estratos proletários) com a dinâmica autodestrutiva da sociedade do capitalismo tardio e da massa dos trabalhadores com a dinâmica construtiva da sociedade do socialismo nascente (destinada a negar-se, a desagregação desta representa uma transformação criadora). É deveras importante reter este questionamento. Marcuse era demasiado preciso e objetivo para ignorar que as contradições não desapareceriam como *realidade*. O que ele capta é um momento do desaparecimento – das contradições na consciência e no pensamento, em suma a sua "volatilização" como entidade psicológica e como categoria histórica *atuantes*. A fase mais aguda da "guerra fria" e os eventos dramáticos relacionados com o nazismo, com a tentativa de massacre do Vietnã ou com a versão "stalinista" do *socialismo em um só país* pareciam absolutizar aquele momento. Na verdade, a contrarrevolução burguesa prolongada continua densa e os dilemas do "socialismo difícil" não se atenuaram. Contudo, parece óbvio que o "adormecimento" das contradições na consciência e no pensamento, como momento histórico, era expressão de uma vontade que não aparecia do mesmo modo nos "dois mundos" e que as contradições reais fizeram vergar as formas de enquadramento e de compulsão ideológicos através das quais se pretendia instaurar a coisificação e a estandartização da consciência e do pensamento. O momento de crise aguda dissipou-se e a história não atesta o "fim da razão" determinada socialmente, ao contrário...

No diagnóstico sociológico do "conflito de classes na América Latina" não é preciso ir tão longe... No entanto, um longo período de hegemonia quase total de uma burguesia neocolonial ou dependente fez com que a "cauda" social e política das classes dominantes refletisse mais a ideologia da burguesia hegemônica, dos países capitalistas centrais, que sua própria situação de interesses de classe como proletários. O socialismo reformista e as táticas de apoio à burguesia nacional de certas correntes do socialismo revolucionário reforçaram essa tendência. O risco dramático que enfrentamos consiste em um *reengolfamento*. A incorporação ao espaço econômico, social e político das sociedades capitalistas centrais renova o horizonte cultural das classes burguesas. Poderá ocorrer, sob o capitalismo monopolista dependente, o fenômeno que ocorreu sob o capitalismo competitivo dependente. Tanto internamente, quanto a partir de fora, o palco está preparado para compatibilizar o crescimento morfológico dos proletários como classe em si com uma consciência de classe "esterilizada" e com dinamismos de "luta de classes" destituídos de elemento político e de um eixo verdadeiramente revolucionário. O sindicato "moderno" e "democrático", que toma por padrão o sindicalismo norte-americano, por exemplo, entra nessa montagem. O mesmo se pode dizer de partidos operários *social--democratizados*, que põem em primeiro plano o combate ao marxismo e à revolução proletária, e coloca ênfase secundária na ótica verdadeiramente socialista e comunista da luta de classes. Mesmo a esquerda católica, que vem desempenhando o papel mais positivo, porque se voltou para o apoio à formação da classe operária e ao seu desenvolvimento independente, vacila em sua terminologia política e contemporiza diante das estratégias centrais da luta revolucionária. É preciso tomar muito cuidado na discussão de tais assuntos. Seria absurdo não reconhecer o progresso eventual de passar de um estágio de "apatia fomentada e dirigida" e de "alianças" nocivas para um "patamar de negociação" em que o consenso proletário se manifesta tanto defensiva quanto agressivamente. Entretanto, o alvo político que merece ser perseguido vai muito além. Ele consiste na conquista pelos proletários da capacidade de enfrentar a supremacia burguesa e de lutar pela conquista do poder *nas condições existentes*, de implantação do capitalismo monopolista dependente, nas quais é muito difícil combater simultaneamente o capital nacional e seu regime autocrático-burguês e o capital estrangeiro e o seu núcleo imperialista de poder. Ora, esse combate não só tem de existir – ele precisa ser simultâneo, se os proletários quiserem alcançar um desenvolvimento de classe independente, encontrar aliados nas classes destituídas ou nas classes médias e ser uma alternativa na luta pela transformação da sociedade e pela revolução social.

Já se escreveu muito a respeito do dilema *revolução ou barbárie*. Depois de Rosa Luxemburgo coube a Marcuse retomar os fios dessa discussão, para pôr em evidência que a barbárie é compatível com um avanço jamais sonhado na esfera da ciência e da tecnologia, com elevados índices de conforto material e com uma robotização da pessoa quase invisível. No que diz respeito à América Latina, as várias ondas sucessivas de modernização e de expansão local da *civilização moderna* sempre tiveram como contraface (não como contrapeso) a persistência e o refinamento da barbárie. A revolução burguesa *em atraso*, concentrada prioritariamente na apropriação dual do excedente econômico, só poderá trazer promessas longínquas de redução da barbárie. Ela aumentará, em extensão, o número dos que participarão intensamente da civilização moderna de modo real (não compensatório ou residual); ela também aumentará, em profundidade, a eficácia do padrão capitalista de civilização moderna entre os que entrarem no circuito ativo dos fluxos e refluxos dessa civilização nas condições variáveis da América Latina. Porém, o que dizer da barbárie que daí poderá resultar se as populações pobres e as classes trabalhadoras não estiverem armadas para lutar por si próprias e pela HUMANIDADE de explorados e exploradores? Com frequência, surpreendo-me a pensar sobre essa questão e estabeleço paralelos, por exemplo, entre o que aconteceu em Cuba antes da Revolução e o que poderá acontecer na América Latina sob os tentáculos de uma dependência que possui a voracidade demonstrada concretamente, sem limites, no México e no Brasil (para fixar dois "casos clássicos"). A ilusão do *made in Brazil*, as inconsequências e as extravagâncias do consumismo, a corrupção moral e mental da pessoa, a interiorização plena do agente dominador, de seus interesses desumanos, de suas corporações, mercados e poder etc. – voltamos ou não à *conquista*, só que agora de forma muito mais assustadora e dissolvente? Os intelectuais e as universidades permanecem cegos diante desse processo, pelo qual eles próprios estão sendo *internacionalizados*, "cooptados" e destruídos pela alienação. Só resta uma esperança e esta vem do socialismo. Daí a importância prioritária dos "humildes", os únicos que poderão tirar seus países da avalancha devastadora, que segue atrás da peculiar ativação que o capitalismo monopolista injeta nas sociedades burguesas dependentes e subdesenvolvidas.

Esse dilema tem muito que ver com uma redefinição das rotas preestabelecidas dos partidos e movimentos de esquerda. Na fase atual, a transição para o socialismo criou um campo de apoio para as revoluções proletárias. Mas este campo tende a forjar, concomitantemente, perplexidades e divisões que são funestas e paralisadoras. Qual movimento sindical e operário poderá vencer as pressões diretas e indiretas de fragmentação, desencadeadas pelas classes burguesas internas e externas, em um estado de controvérsia "dogmática" permanente e de lutas intestinas sem fim? É preciso voltar, em toda a pureza, à ótica de *O manifesto comunista*, para combinar com realismo a revolução dentro da ordem e a revolução contra a ordem. Não se trata de separar o que é "tático" do que é "estratégico". Numa sociedade capitalista atrasada, os proletários e os seus aliados podem movimentar as duas espécies de transformação e só têm a ganhar em impedir que o controle das *transformações capitalistas* fique concentrado no tope, nas mãos da burguesia, ou que a luta pela revolução social só seja protagonizada por pequenas vanguardas, com frequência mais extremistas que revolucionárias. O "tático" e o "estratégico" dizem respeito aos meios de conceber as dimensões da luta política e de concretizá-la. É urgente, portanto, sem desvincular o processo revolucionário da América Latina de outras revoluções vitoriosas e de sua experiência prático-teórica, acabar com a tendência de converter nossos *países em caixa de ressonância de dogmatismos revolucionários exclusivos*. A multipolarização dentro do campo socialista deve ajudar a vencer conflitos de lealdade que não possuem razão de ser. Nesse ponto, tanto é aconselhável saber combinar o potencial de luta dos socialistas reformistas e dos socialistas revolucionários, quanto é necessário conhecer o momento no qual a coalizão deixa de ser produtiva para tornar-se uma bota de chumbo.

Estas reflexões não podem ser encerradas sem um ataque franco ao que se poderia chamar de *radicalismo compensatório* e de *socialismo de fachada*. "Primeiro viver, depois filosofar." Como não?! Temos uma imensa variedade de "trabalhistas", "anarquistas" ou "socialistas" que, de fato, procuram formas de alienação (ou de liberação) das prisões e dos subterrâneos da consciência burguesa. Nem todos operam como equivalentes funcionais do cavalo de Troia. Não obstante, grande parte nem rompeu nem pretende romper com a sólida investidura burguesa. Não são companheiros de caminho, são fatores de desvio (que se multiplicam por sua disponibilidade aos "modismos socialistas", surgidos nas universidades europeias e norte-americanas). O problema sério, que se ergue aí, não é de excomunhão e de exclusão. É de socialização política. A ausência de um sólido movimento socialista produziu essa anomalia, essa intensa e extensa proliferação de "corneteiros". Não se podem ignorar a inquietação potencial e o desenraizamento pelo menos incipiente que os levam a buscar "bandeiras" radicais e socialistas. Contudo, não há como manter a solidez de um movimento socialista (ou, pelo menos, de tentar forjar um movimento socialista sólido), sem reduzir o impacto quantitativo dos companheiros "sem rota definida". Pode-se ou não militar em um determinado partido de esquerda (essa não é uma questão fácil de resolver na situação com que nos defrontamos). O que não se pode é ser "disponível" e "oscilar", engendrando para as esquerdas uma avaliação negativa que não procede dos comportamentos dos militantes operários, mas das exterioridades dos supostos companheiros de ponta. O socialismo compensatório e o socialismo de fachada engendram falsas identidades e a terrível impressão de que "todas as classes são iguais", "todas as transformações possíveis", o que contribui para "plantar" o socialismo no solo burguês, onde ele fenece rapidamente e não tem como crescer como uma força revolucionária. Como diria Lenin, uma infecção pequeno-burguesa do marxismo! O fulcro da discussão concentrou-se na necessidade histórica que particulariza a luta de classes no Brasil. As "contradições" não fazem a revolução *no lugar* da classe operária. Se se quiser acabar com as pseudorrevoluções e com as revoluções interrompidas das classes dominantes – ou, o que é mais importante hoje, se se quiser enfrentar e bater a contrarrevolução burguesa – é preciso criar uma relação inteligente e revolucionária com as contradições na massa operária, na vanguarda das classes trabalhadoras, nas atividades dos sindicatos e dos partidos operários etc. Nem sempre a burguesia sabe ou, sabendo, é capaz de antecipar-se aos efeitos previsíveis (ou imprevistos) das contradições. Contudo, o espaço econômico, social e político da consciência burguesa é dado pela ordem existente. Os *controles normais* por si sós já estabelecem uma forte capacidade de autodefesa e de contra-ataque. Os proletários têm de minar esse espaço, esboroá-lo, para abrir dentro dele posições próprias ou para conquistar, contra ele, um espaço econômico, social e político independente. Do mesmo modo que a burguesia procura fragmentar o movimento operário e pulverizar os meios de luta do proletariado, as classes operárias devem golpear as classes possuidoras e seus estratos dominantes, o que lhes é muito difícil, pois elas detêm uma proteção que começa na empresa e termina no Estado. O conhecimento preciso das contradições e o seu aproveitamento inteligente, organizado e impiedoso é vital, pois, para o movimento operário. Ou ele fica caudatário do movimento burguês, como o seu "outro invertido", ou avança pelo terreno espinhoso de jogar as contradições

contra a ordem existente, para melhorá-la ou para destruí-la.
Isso quer dizer *sair de si mesmo*, realizar as funções negadoras
intrínsecas ao movimento operário, fazer a sociedade capitalista
saltar de uma revolução que abortou para outra revolução que
começará levando *todas as contradições existentes à sua dissolução
completa e final.*

Apêndice: A questão nacional e o marxismo[6]

A antologia, organizada por Jaime Pinsky sobre o tema,[7]
representa uma contribuição muito importante para o momento
histórico que vivemos. Independentemente do seu significado
teórico dentro do marxismo, o tema volta a preocupar-nos
porque corremos o risco de uma nova paralisação da esquerda
(pelo menos de sua parte mais organizada e que conta com reconhecida tradição de luta) em virtude de uma má compreensão
política da *questão nacional*. A antologia põe-nos diante de uma
vasta produção intelectual e, na verdade, exibe todas as posições
possíveis na relação da luta de classes com a revolução nacional
da perspectiva das tarefas políticas do proletariado. Ela convida o
leitor a dar um salto subsequente: o que devem fazer os partidos
ou movimentos marxistas, nesta etapa de crise do capitalismo
monopolista e de irradiação mundial do socialismo, com velhas
palavras de ordem e com táticas conciliatórias que converteram as
classes operárias em caudatárias e em fiadoras de um radicalismo
nacional-democrático burguês que, entre nós, as classes possuidoras nunca *perfilharam*? O livro arrola 38 leituras, algumas
efetivamente clássicas, outras apenas típicas (e, de fato, as leituras
típicas traduzem a realidade histórica de partidos e movimentos

---

[6] Publicação prévia: *Leia Livros*, São Paulo, Ano III, n° 27 (15 de agosto a 24 de
setembro de 1980). Agregado a este livro por sugestão de Heloisa Rodrigues
Fernandes.

[7] *Questão nacional e marxismo*. São Paulo, Brasiliense, 1980.

revolucionários que viveram e enfrentaram as várias alternativas do desenvolvimento capitalista no mundo moderno). Como o organizador da seleção teve coragem suficiente para aproveitar escolhas feitas anteriormente por G. Haupt, M. Löwy e C. Weill, em uma antologia sobre o mesmo assunto publicada em francês em 1974, temos uma excelente amostragem. O prefácio enuncia os critérios de escolha e de organização da antologia e resume a contribuição pessoal do organizador à localização e ao entendimento dos textos. Aí, J. Pinsky adianta:

> Quando concebemos esta coletânea, pensamos em separá-la em três 'momentos' diferentes. Em primeiro lugar, apresentaríamos a discussão clássica sobre a questão nacional, que se confunde grandemente com o *problema das nacionalidades* nos antigos impérios czarista e austro-húngaro. Aí entrariam os textos de Kautsky, Rosa Luxemburgo, Otto Bauer, Lenin e Stalin. Em seguida, surgiria a discussão sobre a viabilidade do socialismo num único país, da contradição entre a necessária internacionalização das forças produtivas que o socialismo exige e sua concretização política num só Estado. Aí colocaríamos os textos de Zinoviev, Stalin e Trotski. Finalmente, levantaríamos a questão das lutas de libertação nacional de caráter anticolonialista e anti-imperialista. Aí teríamos textos de Mao Tse-tung, Ho Chi-minh, N'komo, Mariategui e outros.
>
> Abandonamos a ideia porque essa divisão, embora didática, provocaria uma visão excessivamente esquemática do problema. Com frequência, os temas se confundem e, não raro, aparecem os três 'momentos' num único texto, razão pela qual optamos por outra solução: a de colocar, dentre os mais significativos teoricamente, os trabalhos de maior importância histórica (p. 9).

Ora, se o roteiro parecia tão claro, a superposição de "momentos" merecia uma análise dialética. Ela indica, por si mesma, uma *marcha da história* que não pode ser ignorada e encobre contradições que nasceram da passagem para o socialismo pelos "elos débeis" e que não foram até agora, infelizmente, superadas pelo socialismo de acumulação. Portanto, a intuição de historiador indicava um programa de trabalho fecundo e que nos põe, diretamente, diante dos problemas não resolvidos do marxismo nessa área de investigação.

Neste breve comentário gostaria de sugerir um "contexto de referência" de maior utilidade, exatamente, para o leitor que explorar as leituras com espírito didático. De um lado, está o tópico revolução nacional, ainda hoje crucial para o marxismo. De outro, está a pergunta: como a "questão nacional" deveria ser colocada a partir da América Latina e, em especial, do Brasil? Em suma, duas reflexões de caráter geral, que, merecem servir como fulcro das relações críticas dos leitores com os textos clássicos ou típicos, se os leitores forem marxistas...

Quanto ao tópico mencionado: Marx e Engels não investigaram sistematicamente a *questão nacional* e se esclareceram o padrão histórico da revolução nacional sob o capitalismo industrial o fizeram na medida em que, ao explicar *cientificamente* o modo de produção capitalista, lidaram, de modo direto, com a base material, social e política da revolução burguesa, que punha, de um lado, a transformação capitalista da economia, e, de outro, a transformação capitalista da sociedade e do Estado (uma totalidade vista dialeticamente abrange a unidade no diverso: a luta de classes comandada pela burguesia destruía uma civilização mas criava outra. O que eles nos apresentam é a civilização moderna, que nasce da destruição da "civilização feudal" e conta, por sua vez, com uma *duração histórica*. O capital industrial fixa os limites da civilização nascente e aponta para os rumos de sua transformação revolucionária subsequente). A totalidade de que fazia parte a revolução nacional mal se configurava, estrutural e dinamicamente, nos dois países mais avançados da Europa. Eles permitiam apanhar o que era típico da civilização emergente (inclusive em seu dilaceramento interior, em suas potencialidades incríveis de desenvolvimento e no que dizia respeito à mudança qualitativa daquela civilização, condenada a gerar o seu contrário no processo de autorrealização histórica). Esse típico, em termos estruturais e históricos, não se reproduziu nem mesmo na Europa. As demais revoluções burguesas tiveram de incluir – além das *condições básicas primordiais*, cujo desenvolvimento foi extremamente variável, tanto na Europa quanto nas "regiões coloniais" – o elemento socioeconômico e político intrínseco à dominação que as burguesias da Inglaterra ou da França puderam exercer através do mercado mundial e da evolução posterior do capitalismo. Portanto, o mundo criado pelo capitalismo industrial era demasiado complexo e não podia ser reduzido a uma fórmula única, ainda que esta fosse calcada nos "países capitalistas mais avançados" ou que fosse o produto do gênio de Marx e Engels.

Onde revolução nacional e desenvolvimento capitalista autossustentado evoluíram de forma inter-relacionada e interdependente, como na Alemanha, nos EUA ou no Japão, certas tendências básicas se repetiram, mas, ainda assim, a questão nacional colocou-se com peculiaridades próprias a cada país. Houve, porém, tanto países nos quais a revolução nacional não chegou a ser suficientemente forte para conduzir a um desenvolvimento capitalista autossustentado, quanto outros países que experimentaram intensa expansão do capitalismo, sem contudo passar por revoluções nacionais decisivas. Seria preciso lembrar o que ocorreu ao longo deste século, em países nos quais a revolução socialista saturou as funções históricas da revolução burguesa ou nos quais a dominação imperialista estrangulou, simultaneamente, a revolução nacional e a revolução democrática como condição para acelerar o desenvolvimento capitalista? Além disso, países dotados de baixa potencialidade capitalista e com fraco proletariado industrial deram um salto na transformação do seu padrão de civilização. No conjunto, várias possibilidades, que não se configuravam em função dos dois "casos clássicos", revelaram a complexidade das situações concretas. Seria uma falsa suposição pensar que o marxismo revelou-se demasiado pobre e rígido diante de tais evoluções. O que se poderia dizer, ao contrário, é que o marxismo só se estenderia a essas possibilidades na medida em que elas exigiram do movimento socialista revolucionário uma tomada de posição. E foi uma pena que, somente em alguns países – principalmente na Alemanha e na Rússia – a ação revolucionária logrou combinar-se a uma rica literatura econômica, histórico-sociológica e política. Com frequência, foram as análises práticas, destinadas a fornecer as palavras de ordem corretas, que comandaram o crescimento das informações e dos conhecimentos. O que faz com que, até hoje, essa seja uma área que exige um esforço concentrado da investigação marxista comparada.

Quanto à pergunta: ela envolve uma discussão demasiado extensa para os limites de um comentário como este. Todavia, o que aconteceu na América Latina ilustra o modo relativamente rápido com que as burguesias dos países hegemônicos e as classes possuidoras nativas encobriram a realidade, produzindo mistificações que venceram o próprio marxismo. O que havia de *nacional*, seja no Estado absoluto que sucedeu aos governos coloniais, seja no próprio processo de emancipação que entrou em curso graças à desagregação do antigo sistema colonial? De maneira geral, necessidades internas (a integração nacional dos interesses econômicos, sociais e políticos das classes possuidoras nativas) e necessidades externas (a variedade e a quantidade de produtos que o mercado mundial devia receber nas novas condições de *indirect rule*), impunham uma prolongada continuidade a modos de produção e a estruturas sociais constituídas anteriormente, ambos especificamente coloniais e variavelmente subcapitalistas ou pré-capitalistas. Desenrolava-se, pois, um amplo processo de emancipação e surgia um Estado independente com uma contraface colonial indiscutível. Essa contraface, não obstante, foi ignorada mesmo por investigadores que se consideravam marxistas. Foi aceita a irradiação ideológica da burguesia do país dominante, sem questionamento. A descolonização prolongada deixou de ser considerada como realidade histórica e como fator dinâmico. Como consequência, mesmo as melhores análises não tomaram em conta por que a reiterada sufocação tanto da revolução nacional quanto da revolução democrática se configurava em termos de interesses de dominação de classe que se armavam contra ambas, secundando e fortalecendo as influências concomitantes da dominação imperialista na mesma direção.

Essa menção é insuficiente para nos situar completamente diante da questão nacional na América Latina. No entanto, com as experiências que acumulamos no Brasil sabemos aonde conduz esse casamento de uma descolonização prolongada, seletiva e parcial com a dominação imperialista. A questão nacional é travada a partir da ação política da própria burguesia nacional, empenhada, porém, em acelerar o desenvolvimento capitalista. Isso mostra como países semicoloniais absorveram o capitalismo e puseram em prática uma "segunda" revolução burguesa, que incorpora e perfilha os dinamismos da transformação capitalista que recebem de fora. Além disso, a revolução cubana indica que o impasse histórico resultante pode ser quebrado, mas à custa de uma transformação que desloque a burguesia dos centros de decisão e se torne, de uma forma intensa e rápida, anticapitalista. Sob o capitalismo, em todas as suas variações e com os seus avanços, a descolonização até ao fundo e até ao fim se torna uma miragem; e, ao mesmo tempo, as revoluções nacional e democrática são contidas e esmagadas. O que significa que a revolução nacional deixa de prender-se às tarefas construtivas da burguesia. Ou as classes trabalhadoras tomam a si essas tarefas, no bojo de movimentos de liberação nacional e anti-imperialistas de conteúdo socialista, ou as nações terão de sofrer *todas* as contradições e iniquidades do capitalismo selvagem da periferia. A importância dessas duas reflexões gerais é óbvia. Elas delimitam o grau de necessidade teórica e prática que satura uma antologia tão oportuna. Diante de temas como esses fica claro que o marxismo ainda tem muito que crescer como ciência e como *práxis* política revolucionária. O que se torna imperativo é aproveitar as leituras criticamente, de modo a abrir com elas o caminho para novas ideias e para a realidade histórica da revolução proletária no limiar do século XXI.